빛깔있는 책들 103-21

마애불

글, 사진/문명대

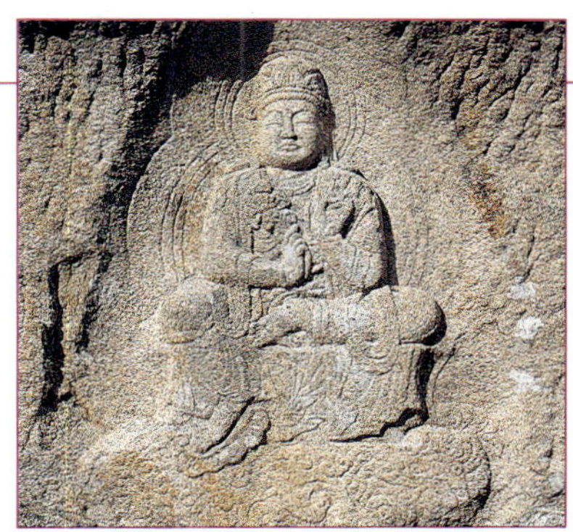

대원사

문명대 ─────────

경북대학교 사범대학 사학과를 졸업
하고 동국대학교 대학원 미술사학과
에서 박사학위를 취득하였다. 현재
동국대학교 교수이며 주요 저서로
「한국 조각사」「한국의 불화」「한국
미술사학의 이론과 방법」 등 여러
책이 있고, 논문으로 '신라 법상종
미술의 연구' '경덕왕대의 아미타
조상의 연구' '석굴암에 대한 연구'
등 많은 수가 있다.

마애불

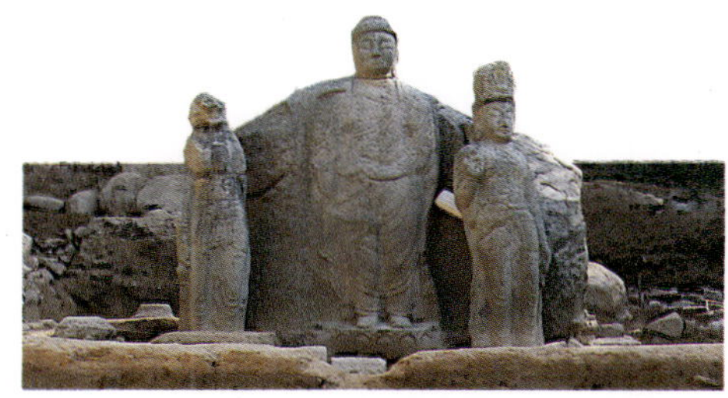

마애불

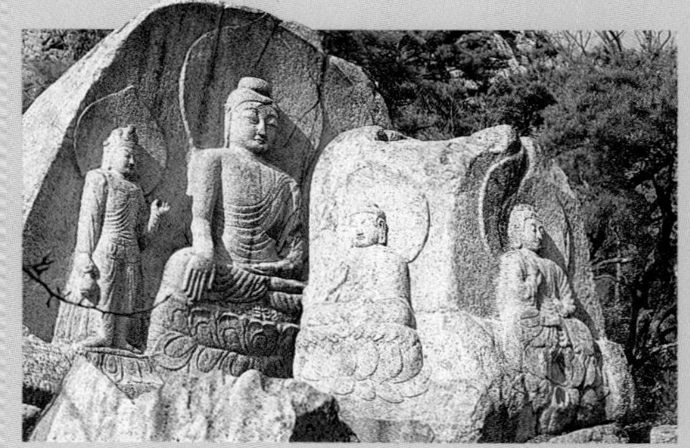

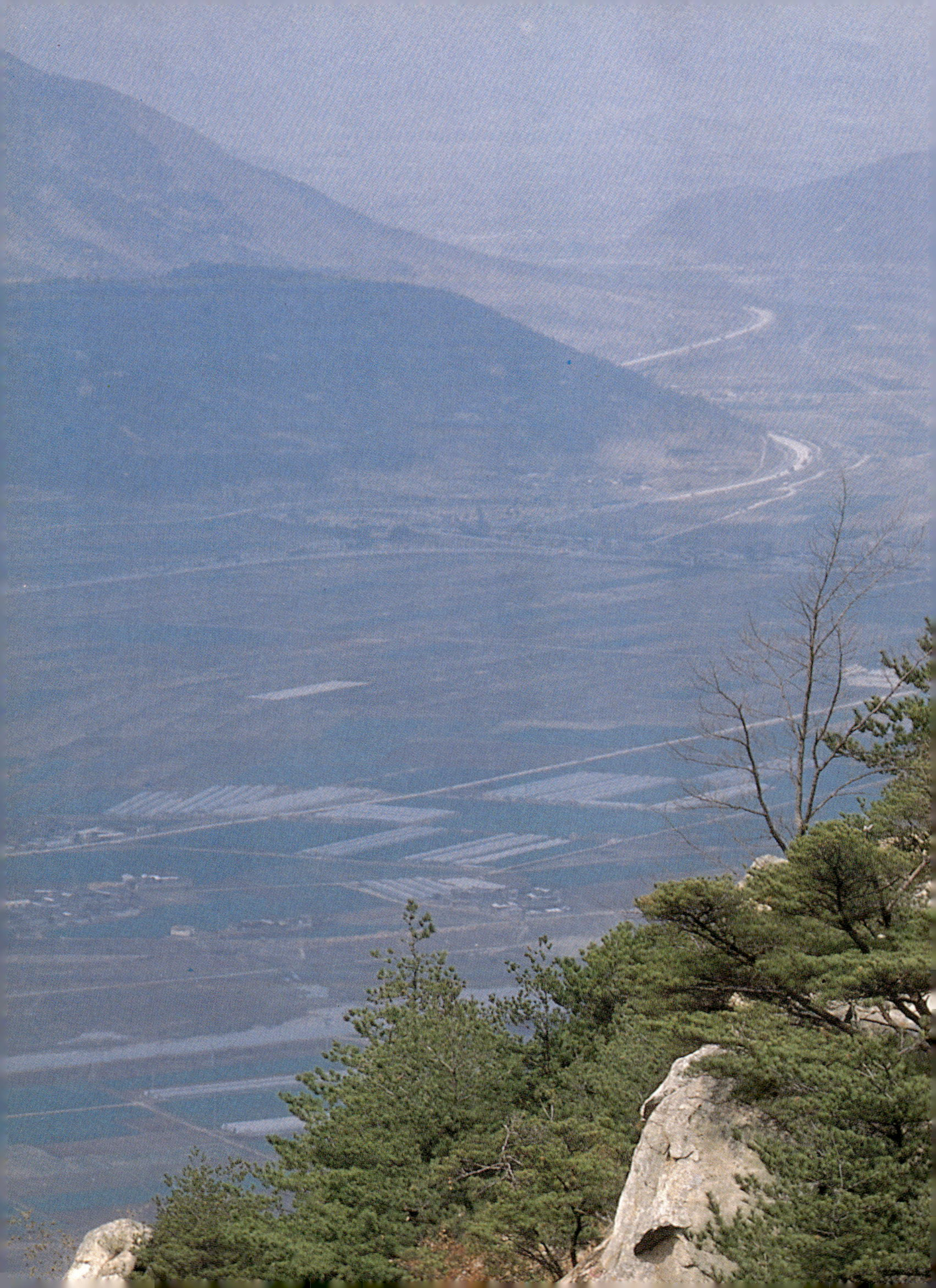

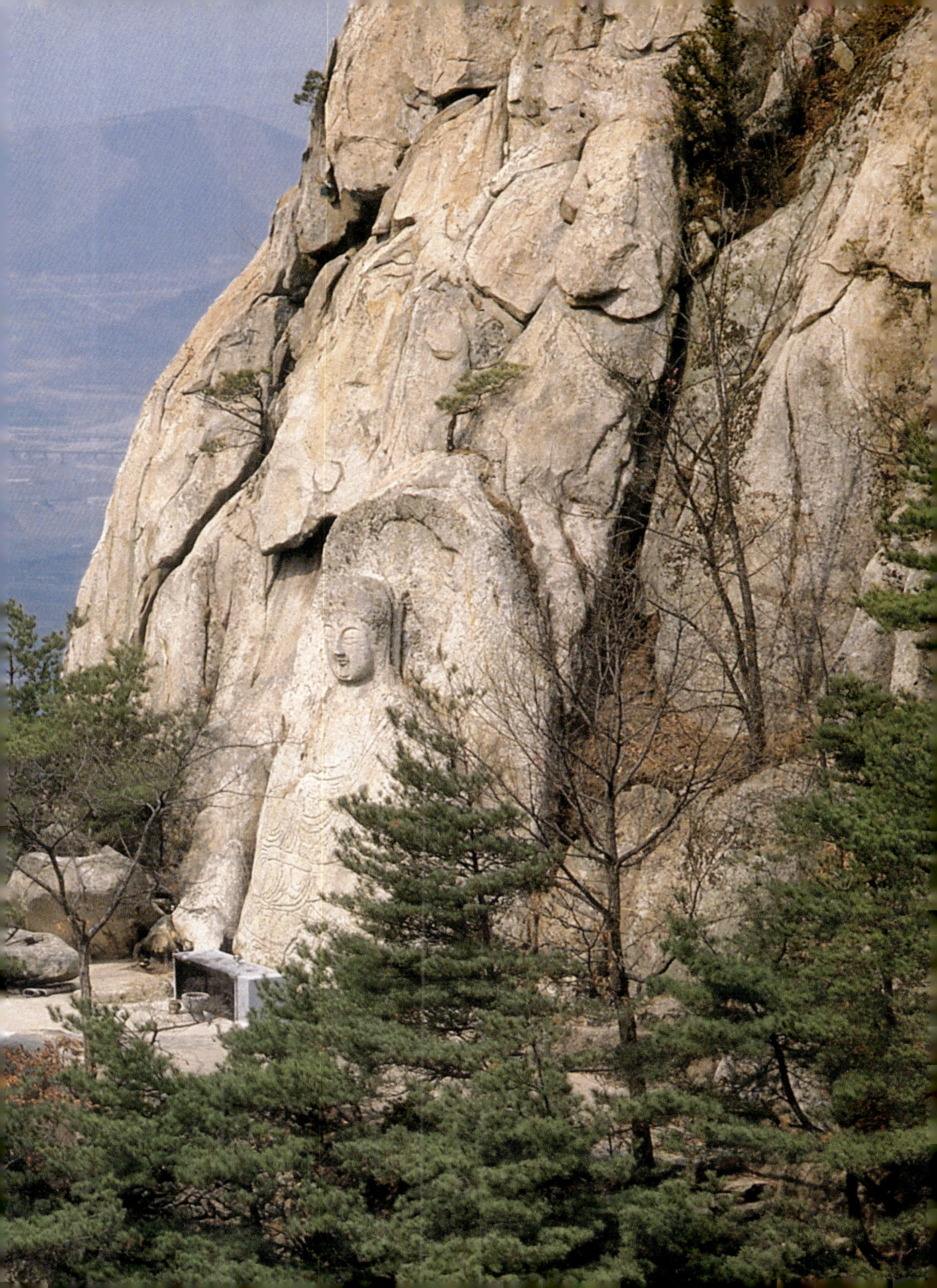

머리글

　마애불(磨崖佛)은 인도의 석굴 사원에서부터 유래했기 때문에 기원 전후부터 조성되기 시작한 셈이다. 그 뒤 때때로 조성되던 마애불은 5세기경부터는 매우 빈번히 조성되었다. 이후 간다라, 서역 지방을 거쳐 중국 각지의 수많은 석굴에 무수한 마애불들이 조성되었으며 이러한 인도, 중국의 마애불은 우리나라에도 크게 영향을 미친다.

　백제 때부터 태안 마애불, 서산 마애불, 예산 석주 사방불 등이 만들어진 이래 통일신라 때부터는 마애불이 폭발적으로 조성된다. 특히 우리나라에서는 완전한 석굴이 아닌 대형 바위 절벽이거나 큰 돌기둥(石柱) 등에 크고 작은 감실을 파고 마애불을 조성한 것으로 다른 나라에서는 그 유례를 잘 찾을 수 없다. 또한 마애불은 원각이 아니며 다른 불상보다 새기기가 쉽기 때문에 거대한 불상도 비교적 조성하기가 쉬웠다. 그래서 마애불이 우리나라 조각의 주류(主流) 가운데 대표적인 예로 널리 각광을 받아 많은 작품을 남기게 되었다.

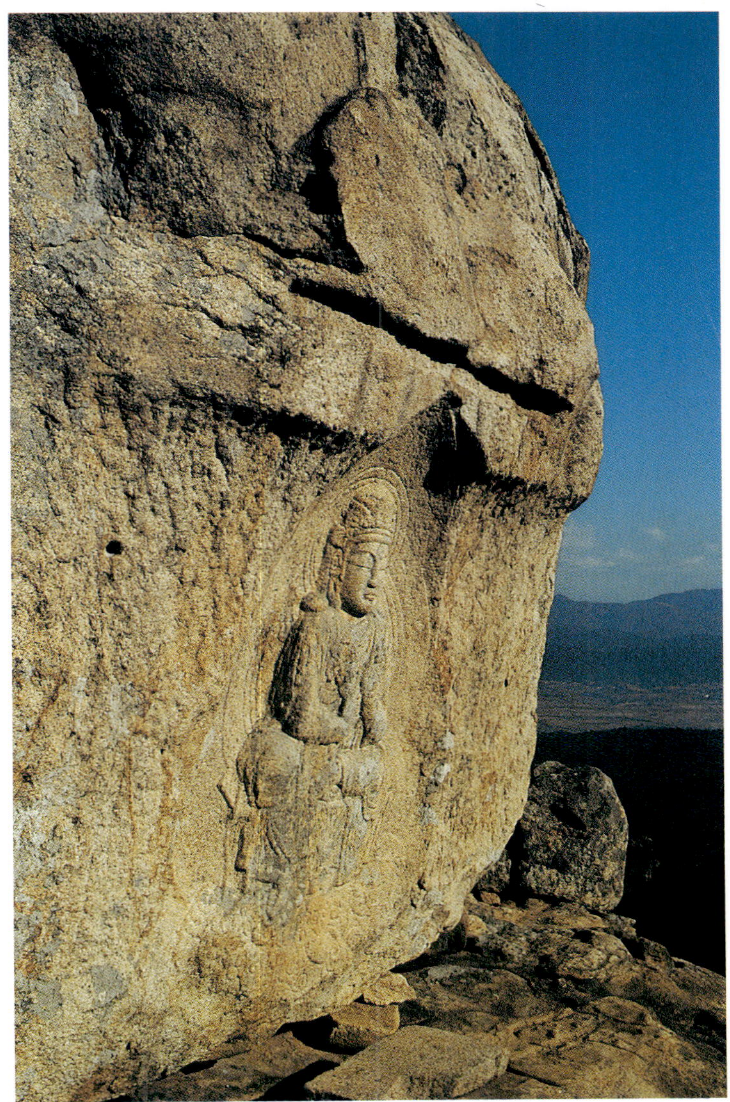

경주 남산 신선암 마애 보살 좌상

마애불의 의의와 종류

의의(意義)

절벽의 바위면(巖面)이나 거대한 바위면에 선각이나 돋을새김 기법 등으로 어떤 주제나 내용을 형상으로 새긴 것을 마애 조각(磨崖彫刻)이라 한다. 마애 조각에는 여러 가지 종류가 있다. 선사시대의 암각이나 역사시대의 수많은 종류의 바위 조각 등이 있는데 이 가운데 역사시대의 마애 조각으로 가장 중요한 것은 마애불이다. 바위면에 불상 이른바 불교상을 새긴 것을 마애불이라 하는데 절벽의 바위면이나 거대한 바위면에 새겼기 때문에 이동이 불가능한 조각이어서 흔히 부동산(不動産) 조각이라 말하고 있다. 이러한 마애불은 다음과 같은 여러 가지 의의를 지닌다.

첫째, 선사시대 암벽 조각(岩壁彫刻, 岩刻畵)의 전통이 잘 계승되고 있다. 우리나라의 선사시대 조각으로는 울주 천전리와 대곡리에 남아 있는 암벽 조각이 대표적인 걸작품인데 여기에 표현된 조각 전통이 연면히 이어지다가 마애불까지 어느 정도는 계승되었다고 할 수 있다. 따라서 우리나라 마애불의 연원은 선사시대까지 올라가

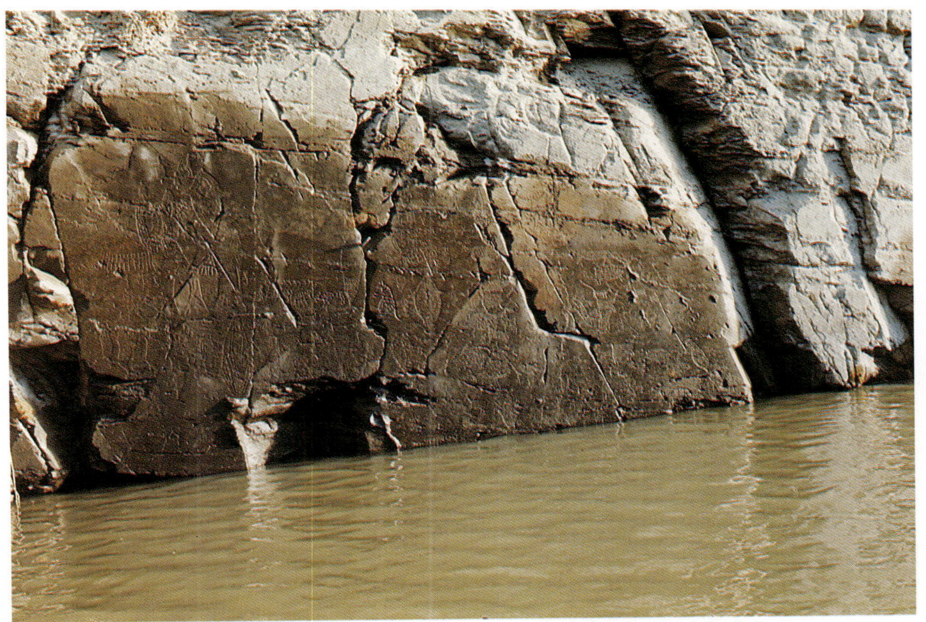

울주 대곡리 암벽 조각　우리나라 선사시대 조각으로는 울주 천전리와 대곡리에 남아 있는 암벽 조각이 대표적인 걸작품이다. 여기에 표현된 조각 전통은 마애불까지 어느 정도 계승되었다.

며 그러한 문화 기반에서 마애불 조각이 수용되었다는 사실을 이해 해야 할 것이다.

둘째, 마애불은 이동이 불가능하기 때문에 만들 때부터 그 자리를 고수하고 있다. 그러므로 이동할 수 있는 조각과는 달리 확실하게 당해 지역의 조각 작품임이 명백하다는 사실이다. 금동불 같은 이동 가능한 작품들은 어떤 지역에서 아무리 많이 출토되었다 해도 모두 그 지역에서 조성된 작품이라고 단정할 수 없는 데 비해서 마애불은 그 지역 작품이라는 사실을 부정할 수 없다.

특히 삼국시대의 금동불이 많이 출토되지만 이들 작품이 출토된 지역의 작품이라고 할 수 없다. 예를 들어 경남 의령에서 출토된

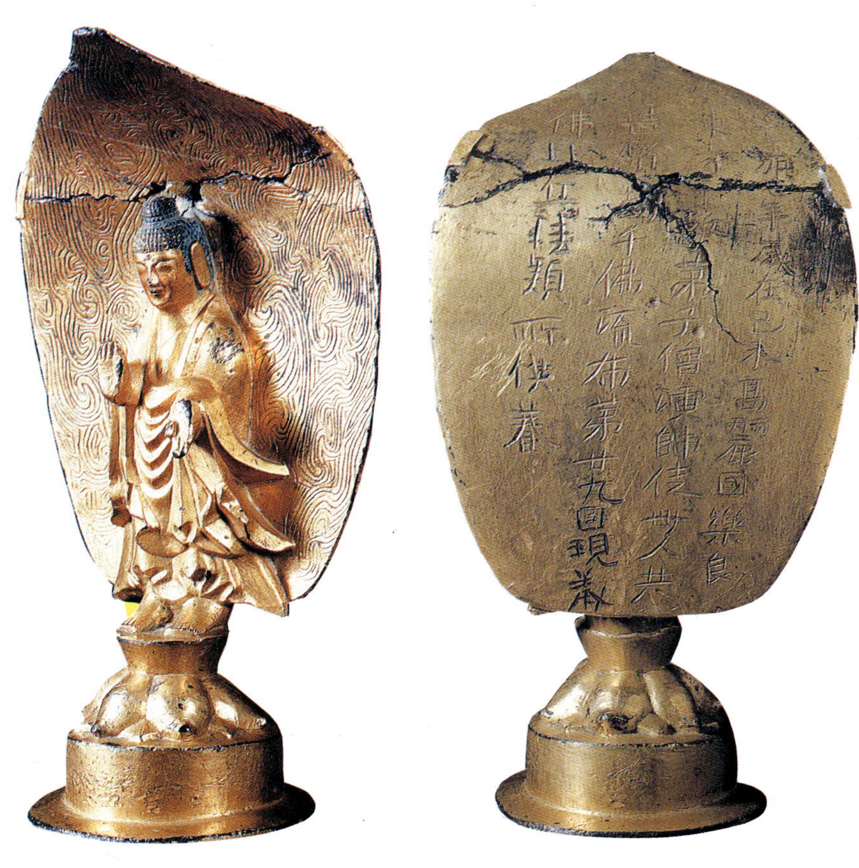

연가 7년명 금동 불입상 이 금동 불상은 1963년 경남 의령군 대의면 하촌리에서 우연히 발견된 것이다. 광배의 뒷면에 '고려국 낙랑 동사'라는 명문이 있어 고구려작임이 분명한 것으로 마애불은 발견 장소에 의해 제작 국가를 분명히 알 수 있지만 금동불 등은 그렇지 못함을 보여 주는 좋은 예이다. 국립중앙박물관 소장. 국보 119호.

연가 7년명 금동 불입상(延嘉七年銘金銅佛立像)은 출토 지역으로 12쪽 사진
보면 가야 불상이지만 광배 뒤에 새긴 명문(銘文)에 의하여 고구려
작품임이 밝혀졌던 사실이 이를 잘 말해 준다. 또한 뚝섬 출토 금동
불좌상이 중국제인지 고구려나 백제에서 만든 것인지 논란이 있는
것도 마찬가지이다. 그러나 백제 지역이었던 서산의 서산 마애불이
나 태안의 태안 마애불 등은 신라나 고구려 작품이 아니라 백제
작품이라는 것은 누구나 인정할 수밖에 없다.

마애불은 조각의 유파(流派) 연구나 국적(國籍) 연구에 가장 귀중
한 자료가 되고 있다. 유파나 국적을 밝히는 것은 제작 연대를 밝히
는 것 못지않게 불상 연구의 기본이 되며, 이것이 밝혀져야 불상에
얽힌 여러 문제가 풀릴 수 있다. 불상은 한 시대를 상징하는 것이기
도 하지만 그 사회를 반영하기도 하므로 어느 사회의 소산이냐에
따라 불상의 성격도 바뀌기 때문이다. 마애불은 이런 점을 가장
잘 반영하는 불상이라는 점에서 매우 중요하다.

셋째, 마애불은 입체적인 원각상보다는 조각적인 면에서 약간
떨어지는 것도 사실이지만 서산 마애불이나 예산 사방불처럼 높은
돋을새김의 고부조(高浮彫)일 때는 조각적인 면에서도 손상이 없을
뿐더러 얕은 돋을새김(低浮彫)이거나 선각일 경우 조각이 용이해서
환조각(丸彫刻)일 경우 표현하기 어려운 불경의 설법 내용이거나
불전도(佛傳圖) 같은 설명적인 내용까지도 조각이 가능하게 된다.
그래서 불화(佛畵)에서나 할 수 있는 내용도 조각으로도 표현할
수 있기 때문에 평면적인 그림에서 맛볼 수 없는 묘미까지 묘사할
수 있다는 장점이 있다.

마애불은 불교 미술 가운데 조각적이면서도 회화적인 특징이
있는 독특한 부분이라 할 수 있으며 이런 면에서 마애불의 의의가
크다고 하겠다.

종류(種類)

마애불은 일반적인 마애 조각이나 마찬가지로 여러 종류로 나눌 수 있다. 곧 기법(技法), 재료(材料), 주제(主題) 등에 따라 다양하게 구분짓는 방법이다.

기법에 따라 나누는 방법은 마애불에서 가장 중요한 구분 방법인데 이것은 마애불 자체가 기법에 따라 구분된 것이기 때문이다.

마애불을 새긴 기법은 크게 두 종류로 분류된다. 하나는 오목새김(陰刻)이고 다른 하나는 돋을새김(陽刻, 浮彫)이다. 이를 표로 만들면 다음과 같다.

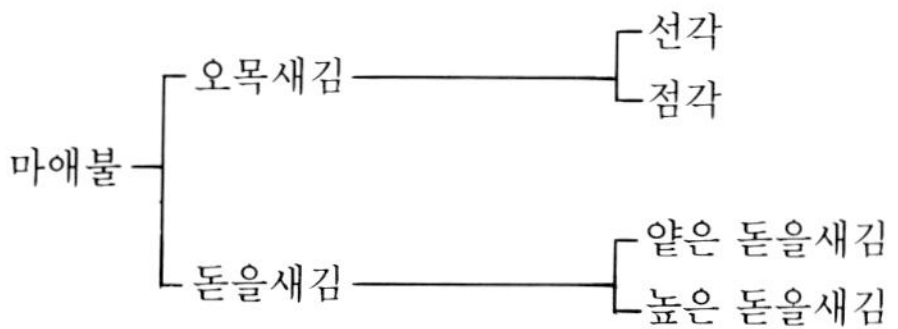

첫째, 오목새김인 음각은 바위면을 평평하게 다듬은 뒤 깊이 파는 방법으로 새긴 것을 말한다. 곧 바위면은 그대로 둔 채 깊이로 새기는 방법이다. 이것도 두 가지 기법으로 다시 자세히 나눌 수 있다. 조각칼(刀)을 써서 긋기 방법으로 선을 그어 형태를 만드는 이른바 선각 기법(線刻技法)과 조각정으로 두드려서 형태를 이루는 점각 기법(點刻技法)이다. 물론 선각에도 폭과 깊이를 뚜렷하게 하는 방법과 가늘고 얕게 긋는 방법이 있으며, 점각 역시 깊고 넓게 두드려 다시 나무나 쇠붙이 등으로 갈아 보다 뚜렷하게 부각시키는 방법과 정으로만 두드려 그대로 마무리하는 방법 등으로 세분할 수도 15쪽 사진 있다. 이 기법의 대표적인 예로는 경주 남산 삼릉계 선각 마애 6존

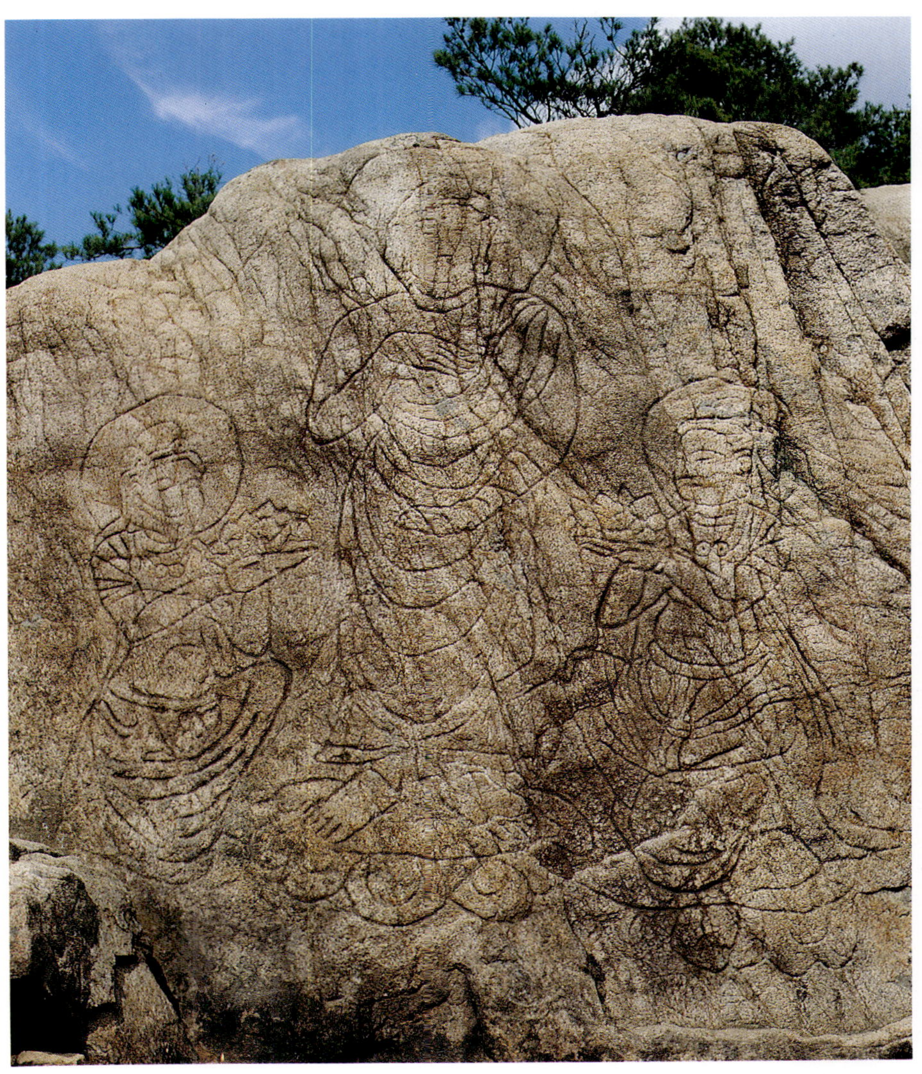

경주 남산 삼릉계 선각 마애 6존 불상 오목새김인 음각 기법의 대표작이다. 곧 바위면
은 그대로 둔 채 깊이로 새기는 기법으로 만들어진 이 마애불은 통일신라시대에 제작
된 대작에 속한다.

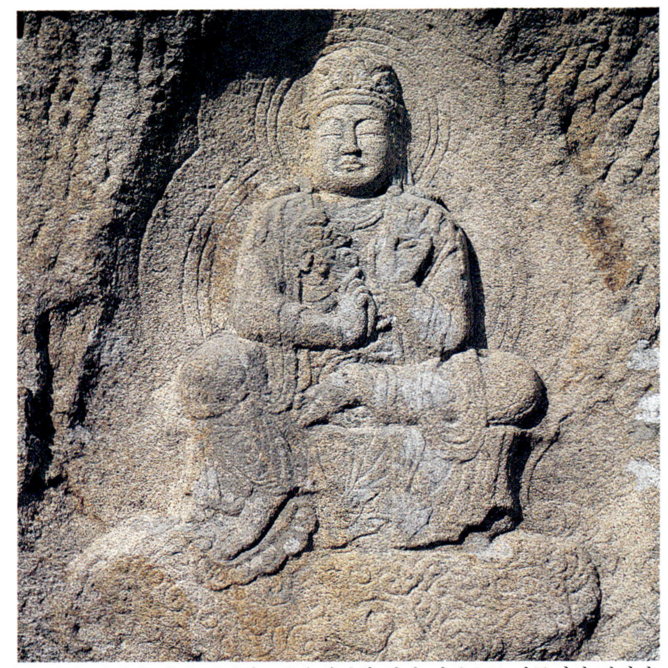

경주 남산 신선암 마애 보살상 돋을새김인 양각 기법으로 만들어진 것이다.
이 기법은 대상 불상의 외형을 그대로 둔 채 주위 바위면을 제거하여 불상
형태가 두드러지게 하는 기법이다.

불상과 법주사 마애 창건 연기 조각 등을 들 수 있다.

둘째, 돋을새김인 양각은 대상 불상의 외형을 그대로 둔 채 주위
바위면을 제거함으로써 불상의 형태가 두드러지게 하는 기법이다.
이 부조도 낮은 돋을새김 곧 저부조와 높은 돋을새김인 고부조 두
가지가 있다. 높은 돋을새김으로 새긴 마애불의 대표작으로는 서산
마애불, 예산 사방불, 굴불사 사방불, 칠불암 본존불 등 많은 예들이
있으며, 얕은 돋을새김으로 새긴 마애불도 상당수 되는데 경주 남산
탑곡 석주 사방불이나 경기도 광주 약사 마애불 등이 대표작이라
할 수 있다.

17쪽 사진

16 마애불의 의의와 종류

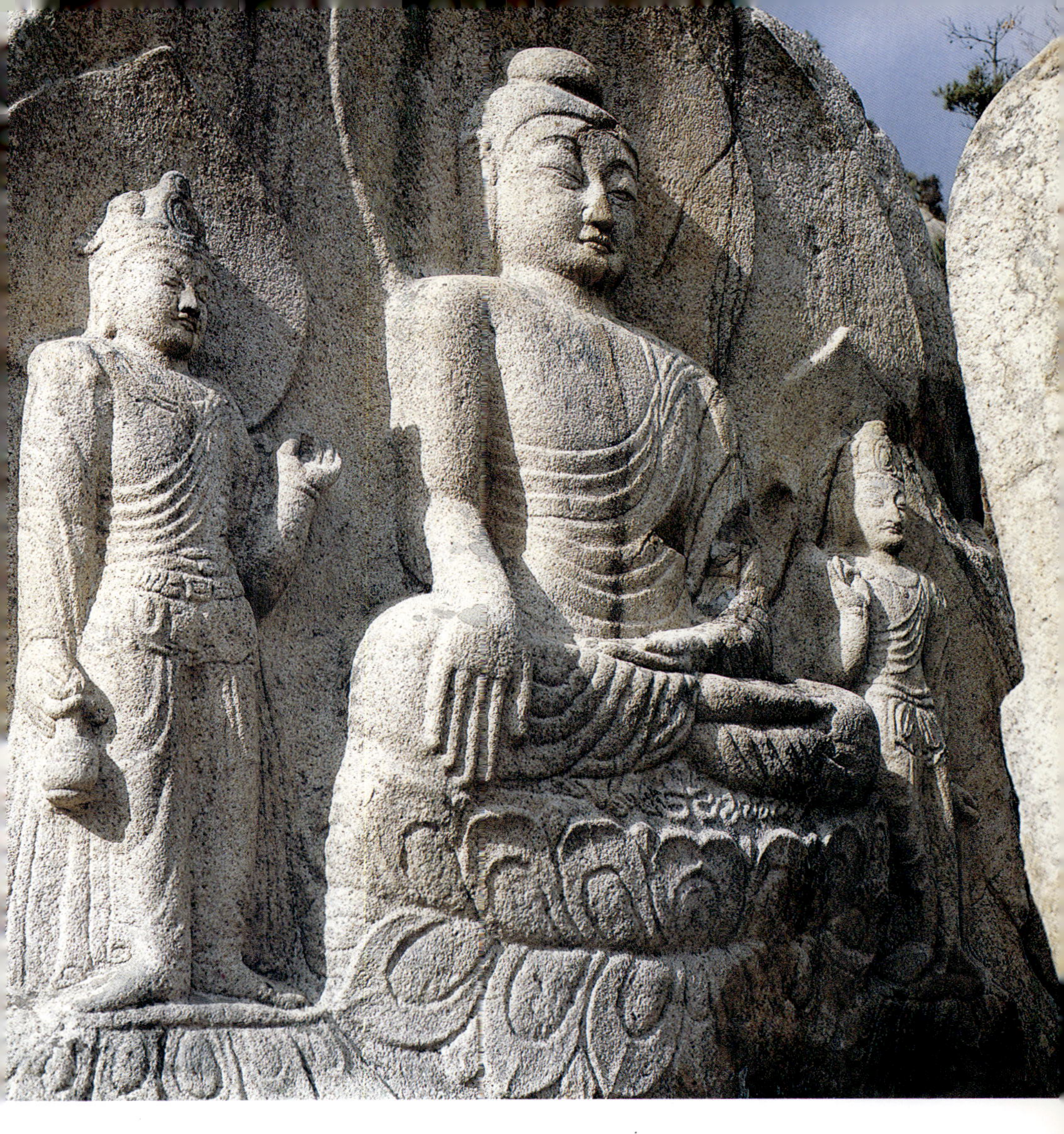

경주 남산 칠불암 마애 불상군　돌을새김 기법 가운데 비교적 높은 돌을새김인 고부조로 된 마애불이다.

마애불의 기원과 전파

　　마애불이 처음 만들어지기 시작한 것은 인도 석굴 사원의 벽면에 새긴 불상이 시초이다. 석굴 사원이 인공적으로 만들어지기 시작한 것은 불(佛) 열반 뒤이지만 석굴에 불상이 새겨지기 시작한 것은 대승 불교 시대(大乘佛教時代)의 대승 불교 석굴 사원이라 할 수 있다.

　　아잔타 석굴 사원 가운데 초기 석굴, 후진의 주불(主佛) 등이 그 대표적인 예인데 이것은 주로 높은 돋을새김으로 새기는 것이 원칙이다. 오랑가바드 석굴 등에서 보듯이 각 벽면마다 불, 보살상을 빽빽이 새기는 경우도 많이 있어서 마애불의 특징이 잘 나타나고 있다. 석굴의 석주(石柱) 기둥에도 돋을새김이나 선각으로 여러 가지 조각을 새기는 경우도 많다.

　　석굴 아닌 절벽이나 바위면에 감실을 파고 불상을 새기는 경우도 나타난다. 간다라 스와트 지방의 마애불들이 그 대표적인 예이다. 자하나바드의 마애불은 완전하게 남아 있는 데 비해서 카르카이 마애불은 머리 부분 등에 파손이 심한 경우도 많이 있지만 이들 마애불은 경주 남산 마애불들과 거의 비슷해서 우리나라 마애불의 선구임을 알 수 있다.

아프카니스탄의 카불에 있는 바미얀 석굴에는 수십 미터나 되는 초대형 석굴 마애불이 조성되어 대형 불상을 마애불로 조성할 수 있다는 사실을 입증하고 있다. 이러한 대형 마애불은 중국의 운강, 용문 석굴이나 돈황 석굴 등에도 조성되었으며 우리나라에도 대형 마애불이 새겨지고 있다. 그 대표적인 예가 약수계(藥水溪)와 삼릉 20, 21쪽 사진
계에 있는 마애 대불이라 할 수 있다.

어쨌든 석굴이나 바위면의 마애불은 서역에서는 일찍부터 수용되기 시작한다. 쿠챠의 키질 석굴이나 쿰트라 석굴, 투루판의 베제크리크 석굴이나 토욕 석굴 등은 물론 돈황을 비롯한 하서 회랑의 수많은 석굴에도 크고 작은 마애불이 수없이 조성되었다.

옛 장안(長安)인 서안 일대에도 맥적산 석굴이나 장안의 각 감실에 마애불들이 수없이 조성되었다. 뿐만 아니라 운강, 용문, 천룡산, 타산 등은 물론 사천 각 지역마다 수많은 마애불이 새겨졌다. 특히 산동 지방 운문산 석굴의 마애불은 우리나라 삼국시대 마애불의 조성에 크게 영향을 미친 것으로 추정된다.

중국 산동 반도와 가까운 서산의 태안 반도 일대에 600년경을 전후한 때 마애불이 우리나라로서는 처음으로 조성된다. 태안 마애불은 바로 바닷가에 있으며, 서산 마애불은 바다에서 매우 가까운 거리에 있고 이곳을 지나면 예산 석주 사방불이 나타나는데 이러한 백제시대 마애불들은 직, 간접으로 중국 산동 반도 석굴 마애불의 영향을 받아 조성되었다고 생각된다.

고신라에서도 단석산 석굴이나 경주 남산 불곡의 감실 마애불, 탑곡 석주 사방불, 선도산 마애 대불 등이 조성되었으며 통일신라부터는 경주 남산을 비롯해서 전국에 수많은 마애불들이 조성되어 가히 마애불의 나라라 일컬어도 좋을 지경이다. 특히 우리나라에는 양질의 화강암 지대가 전국적으로 분포되어 있기 때문에 대부분의

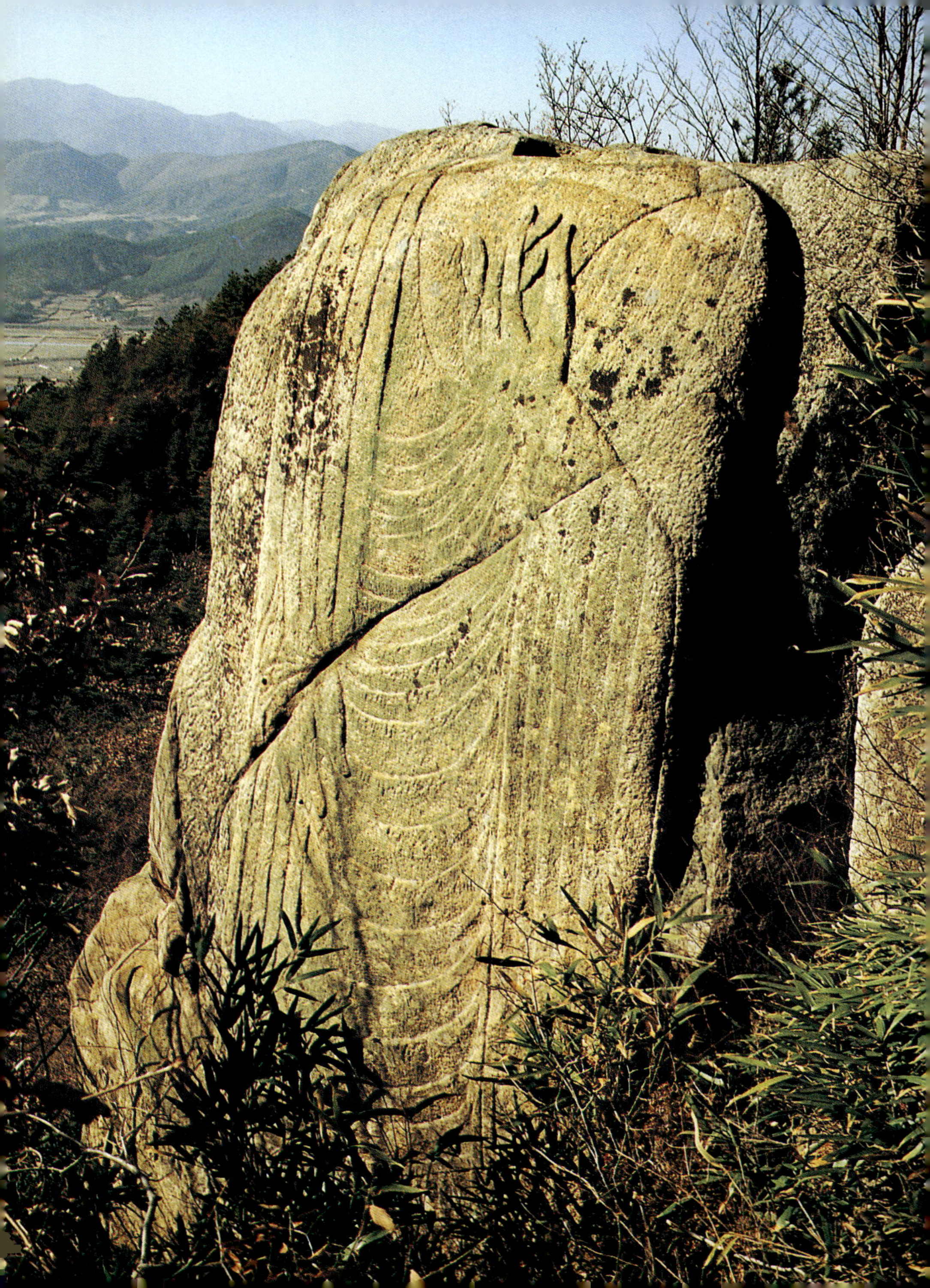

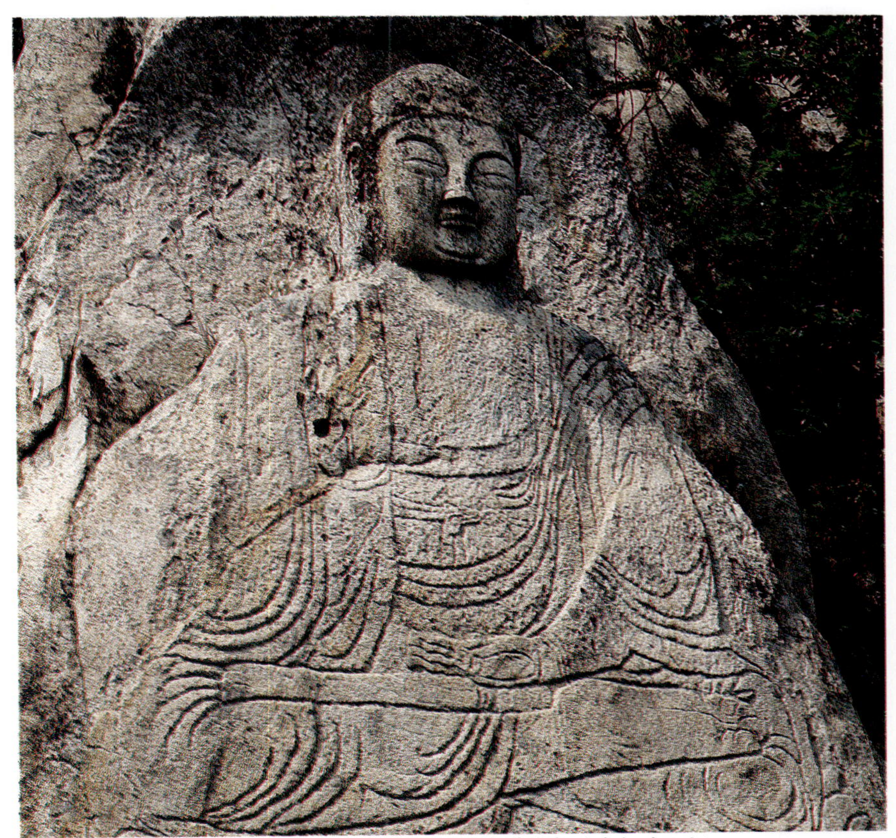

경주 남산 약수계 대 마애 불입상　우리나라에는 양질의 화강암 지대가 전국적으로 분포되어 있기 때문에 대부분의 마애불은 화강암 절벽이나 화강암으로 된 큰 바위에 새겨졌다.(옆면)
삼릉계 대 마애 불좌상(위)

마애불은 화강암 절벽이나 화강암으로 된 큰 바위에 새겨졌던 것이다. 따라서 우리나라 마애불은 화강암 마애불이라는 명칭을 얻을 만큼 세계적으로 독보적인 존재가 되었는데 이것은 화강암이 다른 석재에 비해서 풍우에도 오래 견디는 성질을 가지고 있어서 비교적 잘 보존되어 있기 때문이다.

삼국시대 마애불

삼국시대의 마애불은 그리 많이 조성되지 못했으며 그나마 고구려의 마애불은 한 점도 발견되지 못하고 있다. 우리나라 마애불로서 가장 먼저 조성된 것은 태안 마애불과 예산 석주 사방불 그리고 서산 마애불 등 백제의 마애불들이다. 고신라에서는 마애불들이 꽤 많이 조성되어 고신라 조각 가운데 대표적인 작품으로 손꼽히고 있다.

여기서는 마애불과 함께 삼국시대 전 불상의 특징을 간략하게 밝혀 마애불의 특징에 대해서 이해를 돕고자 하며, 그 다음 각 시대의 마애불 가운데 대표작에 대해서 설명하고자 한다.

불상의 특징

고구려

고구려(기원전 37~668년)는 7세기라는 장구한 세월 동안 만주와 한반도의 북부를 차지한 강대국이었다. 고구려가 강대국으로 성장한 것은 4세기였으며 광개토대왕이나 장수왕 때에는 그 전성기였다. 강대국으로 성장하면서 사상과 문화면에도 혁명적인 변혁이 일어나게 되었는데 그것은 불교의 수용이었다.

우리나라에 처음으로 불교가 공인된 것은 372년(소수림왕 2)이라는 것은 이미 잘 알려진 사실이지만 그 이전부터 불교는 널리 전파되어 있었던 것으로 생각된다. 불교를 공인한 것은 물론 고구려가 정복 국가로 성장하면서 국가 통치 이념과 복잡 다단한 민족을 융합시키는 데 필요하였기 때문이지만, 문화적으로도 획기적인 발전을 이루게 되었다. 특히 불교 미술의 수용은 찬란한 문화를 창조하게 되는 계기를 마련하였다.

제1기 불교 삼보(三寶)의 하나인 불보(佛寶) 곧 불상은 불교의 수용에는 가장 먼저 따라오기 마련이다. 최초로 수입된 불상이 인도 불상인지 중국 불상인지는 확실하지 않지만 4세기 당시 중국에는 인도의 영향이 매우 커서 인도적 불상이 유행하였으므로, 고구려의 사원이 만들어진 375년이나 광개토대왕 당시 많은 절을 지었을 때인 393년경에 고구려에서 국산제(國産製) 불상이 만들어졌다면 아마도 인도적인 중국 불상을 모방하였으리라고 보아야 할 것이다. 이 점은 1959년 서울 뚝섬에서 발견된 조그마한 금동 불상이 잘 입증해 준다. 선정인(禪定印)을 짓고 있는 이 불상은 400년경의 중국제 불상 곧 승광 2년명 소 금동불(勝光二年銘小金銅佛;429년, 높이 19센티미터) 같은 금동 불상들과 비슷하므로 중국 불상으로 보는 경향이 있지만 이러한 불상 양식이 4세기 내지 5세기의 고구려 불상 양식과 비슷하였을 것임이 분명하므로 고구려 제1기 양식이라 할 수 있다. 그러나 당대의 불상은 뚝섬 불상 외에는 아직까지 발견되지 않았으므로 앞으로의 발견에 기대할 수밖에 없다.

제2기 6세기의 불상들은 조금 발견되고 있다. 이 불상은 다시 두 시기로 양식을 구분할 수 있다.

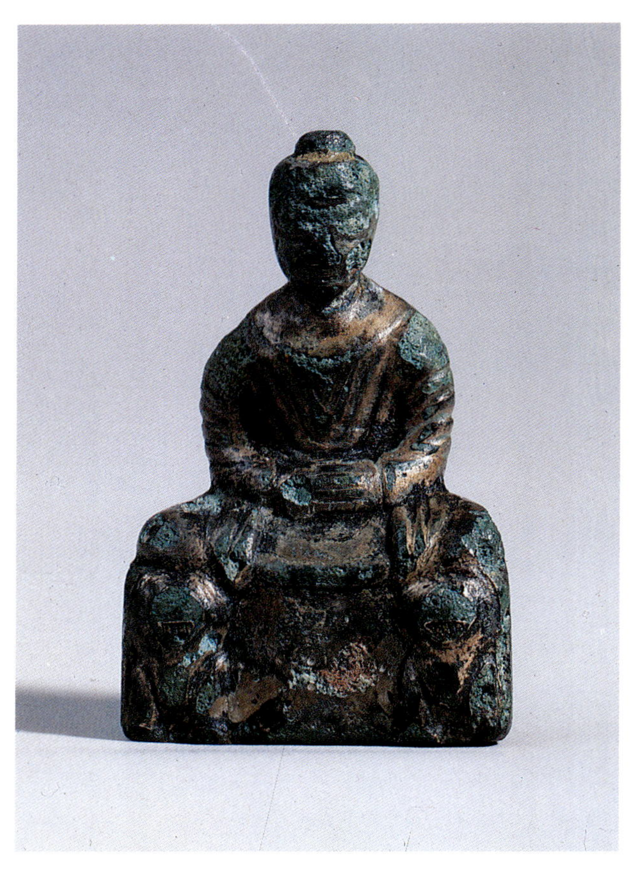

뚝섬 출토 금동 불좌상 선정인을 짓고 있는 이 불상은 400년경의 중국제 불상, 가령 승광 2년명 소 금동불 같은 금동 불상들과 비슷하므로 중국 불상으로 보는 경향이 있지만 이러한 불상 양식이 4세기 내지 5세기의 고구려 불상 양식과 비슷하였을 것임이 분명하므로 고구려 제1기 양식이라 할 수 있다. 국립중앙박물관 소장.

6세기 제1기(전반기) 양식은 고구려 제2기 양식인데 550년경 이전이며, 제2기는 550년 이후를 말한다. 1기의 작품은 중국 북위 양식(北魏樣式)이 농후하면서 고구려의 북방적 경향이 강한 역강(力强)한 불상 양식이 나타난 것으로 생각된다. 이 점은 연가 7년명 금동 불입상에서 증명된다. 아마도 광개토대왕과 장수왕 때의 남으로 죽령(竹嶺)과 북으로 요동(遼東) 일대까지의 광활한 영토의 정복과 막강한 국력이 문자왕, 안장왕, 안원왕, 양원왕에 이르기까지도 계속되었으므로 이러한 강성한 국력을 배경으로 한 찬란하고 발랄한 불교 문화에서 역강한 불상이 나타났을 것이다.

제3기 6세기 제2기(후반기) 양식은 고구려 제3기 양식인데 오랜 기간 한반도에서의 농경 생활과 중국 남북조(南北朝) 절충 양식 곧 화화 양식(華化樣式) 영향으로 세련되고 원만한 양식이 성립된 것이다. 그 대표적인 예로 황해도 곡산 출토 금동 무량수상(金銅無量壽像)을 들 수 있다. 이 변화는 고구려 사회의 변화와도 관련된다. 550년경을 전후해서 고구려에는 약간의 변화가 일어난다. 외부적으로는 중국 쪽에서는 북위에서 갈라진 동위와 서위가 557년에는 북제(北齊)와 북주(北周)로 되고, 577년에는 수(隋)가 북조(北朝)를 통일하고 589년에는 남조(南朝)까지도 멸망시켜 오랜 만에 중국 천하가 통일된다. 이 중국 천하의 통일은 고구려로 하여금 중국 대륙 쪽에 신경을 곤두서게 하여 남으로 신라와 백제에게 한강(漢江) 유역을 다시 빼앗기게 하는 계기가 되며 대내적으로는 중국과의 대결에 대비하는 전시 체제로 들어서게 한다.

제4기 제4기는 600년경부터 668년 고구려 멸망 때까지이다. 100만 대군을 거느린 수나라의 2차에 걸친 공격을 물리친 고구려는 대외적으로는 중국 쪽의 수, 당 사이의 왕조 교체로 인하여 나타난 중화 양식(中華樣式)의 현실적 조각의 영향을 받기도 하였고, 대내적으로는 안정을 추구하는 분위기 때문에 현실주의 조각 양식이

대두된 것으로 생각되지만 현재는 당대의 명확한 조각 작품이 발견
되지 않았다.

백제

백제의 첫 수도(首都) 서울 부근에서 두번째 수도인 공주로 갈수
록 산은 점점 올망졸망한 구릉에 가까워지고 들은 차차 질펀해지며
산야를 관통하면서 흐르고 있는 강물은 더욱 유유해진다. 공주를
지나 마지막 수도인 부여로 가다 보면 이러한 특징이 보다 분명히
나타나지만 어쨌든 우리 국토의 서남부 지방은 서울에서 남으로
갈수록 점점 더 완만해지는 것은 사실이다. 백제의 역사는 이 경로
를 따라 전개되었고 백제 조각 또한 이 길을 따라 변천되고 있다.
이렇게 변모된 백제 조각은 4기로 나누어 볼 수 있다.

제1기　백제가 불교를 받아들인 것은 서울 지역인 한산(漢山)
시절이었다. 곧 384년(침류왕 1)에 중국 동진(東晉)을 거쳐 온 마라
난타(摩羅難陀)에 의해서 공식적으로 불교가 수용되었고 이듬해인
385년에는 한산에 절을 짓고 10명의 승려를 배출하였다. 마라난타
는 다른 전도 승려(傳道僧侶)의 예와 같이 불상과 불경(佛經)을
가져왔을 테지만 385년에 절을 짓고 불상을 본격적으로 봉안(奉
安), 예배하였다면 다분히 백제 불상일 가능성이 높을 것으로 생각
된다. 만약 당시의 불상이 국산제였다면 백제 조각의 시원은 385
년 때부터라 할 수 있다.

백제가 불교를 받아들이게 된 것은 고구려와 마찬가지로 정복
국가의 완성과 밀접한 관계가 있다. 곧 정복 국가를 완성한 확고한
때는 근초고왕이었다고 생각되지만 그 다음 왕인 근구수왕을 지나
면서 정복 국가를 움직일 원리나 고도한 문화가 절실히 필요하였기
때문이라는 뜻이다. 어쨌든 백제가 불교 수용 당시인 400년 전후에
국산제 불상을 조성하였다면 어떤 불상이었을까. 이에 대한 해답은

고구려와 마찬가지로 역시 뚝섬 불좌상에서 찾을 수밖에 없다. 흔히 뚝섬 불좌상을 중국제라고 말하고는 있지만 이 상이 발견된 뚝섬은 400년경을 전후한 때에는 광개토대왕이 백제로부터 한강 이북을 빼앗았던 것으로 추정되기 때문에 뚝섬이 국경선 근처이므로 이 상의 귀속 국가 문제는 잘 알 수 없는 형편이다. 그러나 중국제인지 고구려 또는 백제의 것인지는 명혼하지 않다 하더라도 당시 수입 불상의 주류이던 중국 불상과 동일한 양식인 뚝섬 불상 양식이 지배적인 양식이었을 것으로 생각되기 때문이다. 이 양식은 정신성이 강하게 작용한 역강한 아름다움이 표현된 것이 특징이다.

제2기 475년(개로왕 21)에 고구려에게 수도 한산을 빼앗기고 웅진(熊津;지금의 공주)으로 쫓겨 내려가 나라의 명맥만 간신히 유지하였으나 동성왕, 무녕왕을 지나면서 안정과 중흥의 시대가 되었으니 바로 공주 시대이다. 공주의 천도로 안정을 되찾은 백제는 63년 만인 538년에 다시 비약적인 국력을 배양하고자 사비(泗沘; 지금의 부여)로 천도하였는데 이 사비 시대는 가장 불교가 융성한 시대로 백제에 불교를 전파하는 등 불교 문화의 융성과 불상 조각의 발전이 이루어졌으니 보원사지 금동 불입상, 정림사 불상 등에서 잘 나타나고 있다. 이 시대의 양식적 특징은 우아하고 세련된 귀족적 취향이었다고 할 수 있다.

제3기 주로 내치에 힘을 쏟던 위덕왕 시대에 해당되는 시기로서 사회 안정을 바탕으로 한 불교 문화의 융성으로 불상들도 대량 조성되는데 군수리 불보살상, 신리 보살상, 서산 마애불 등이 대표작으로 중국 북제, 북주 내지 수나라 초기 양식의 영향을 받았지만 보다 백제화되고 조소성이 풍부한 특징을 보여 주고 있다.

제4기 백제 불상 양식의 절정이자 마지막을 장식한 시대로 중국의 수나라 내지 초당 양식의 영향도 받았으므로 익산 연동리 불상, 부여 규암리 금동 보살 입상 등에서 보다시피 약간 감각적이며 사실

28쪽 사진

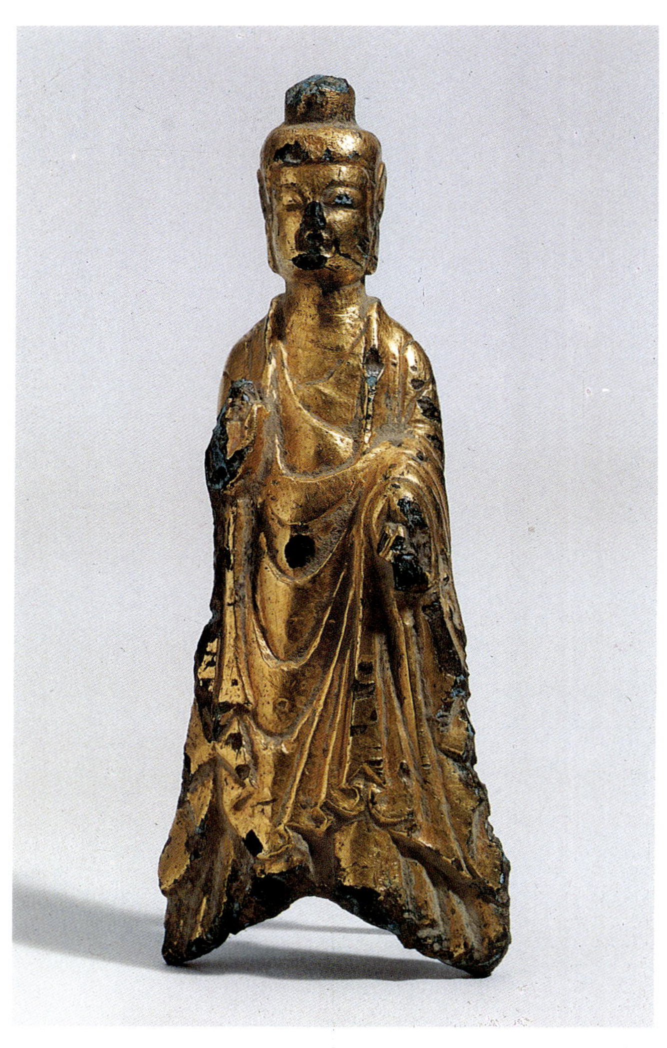

보원사지 금동 불입상 출토지가 확실하고 백제 불상의 양식이 잘 나타난 귀중한 작품이다. 백제 제2기의 양식적 특징인 우아하고 세련된 귀족적 취향을 보인다. 국립중앙박물관 소장.

적인 아름다움도 보이기 시작한다. 이러한 백제 조각 양식은 백제 멸망 뒤에도 이 지역에 계속 전승되고 있어서 우리나라 조각사에 큰 의의를 지닌다.

고신라

신라는 여러 사정으로 삼국 가운데 가장 늦게 불교를 공인하였다. 물론 눌지왕 때 불교가 전래되었다가 소지왕 때의 탄압으로 일거에 소멸되었던 것이 527년(법흥왕 14)에 정식으로 공인 받게 된 것이다. 이 공인으로 불교는 급속히 신라 사회에 전파되었다. 불교가 급속하게 팽창하였다는 것은 당연히 불상 조각을 대대적으로 조성하였다는 것을 뜻한다.

이렇게 신라의 불상 조각은 고구려나 백제보다 늦게 조성되었기 때문에 초기에는 고구려나 백제의 영향을 강하게 받아 고구려 양식의 불상 내지 백제 양식에 가까운 불상을 만들었지만 10 내지 20년 뒤에는 신라 자체의 작품을 일본에 수출할 만큼 격조 높은 신라 불상을 만들기 시작하였다.

이후 신라의 조각 수준은 급속히 신장하여서 600년 전후부터는 고구려나 백제를 한 걸음 앞질러간 느낌이 짙다. 이러한 신라의 불상 조각은 대개 3기로 구분해 볼 수 있다.

제1기 불교를 공인한 직후인 527년부터 6세기 중엽까지이다. 이 시기의 특징은 당시의 고구려나 백제 조각과 마찬가지로 중국 북위 양식을 받아 조성된 매우 역강한 추상 조각 양식(抽象彫刻樣式)의 불상이다.

이 시기 불상의 대표작은 535년에 착공되어서 544년(진흥왕 4)에 완성을 본 흥륜사(興輪寺)의 불상들이었을 것이다. 흥륜사 불상은 흔적조차 없어졌지만 그 잔영은 황룡사(皇龍寺) 출토 금동 불입상에서 약간 찾아볼 수 있다.

제2기 6세기 중엽부터 말까지인 진흥왕의 패기찬 활동 시기로 불교의 성세(盛勢)와 함께 불상 조각은 이제 완전히 신라화되었다. 그것은 574년에 황룡사의 거대한 장륙상(丈六像)을 일거에 주조(鑄造)하였다는 「삼국유사」의 기록이나 579년에 왜국(倭國)에 불상을 보냈다는 데서도 입증될 수 있다.

당시 조각 양식의 특징은 초기에는 중국 동위, 서위 양식의 영향을 받아 역강한 추상 조각을 조금 완화시켜 세련되고 귀족적인 이상주의적 불상 양식을 만들어 내다가 후기에 이르러서는 북제, 북주 양식의 영향도 있어 추상표현주의(抽象表現主義) 작품이 대두하기 시작한다.

당대의 대표적인 걸작품은 황룡사에 있었다는 금동 장륙 존상(金銅丈六尊像)이 되겠지만 오늘날에는 전하지 않고, 다만 그 원형을 짐작할 수 있게 하는 황룡사 출토 금동 불입상과 후기 작품으로 거창(居昌) 출토 금동 보살 입상 등이 있다.

제3기 7세기 전반기를 말한다. 이 시기는 삼국 사이의 소규모 전투가 계속된 삼국 통일의 전단계로서 복잡 다단한 시기이지만 선덕여왕 치세 기간의 활발한 조형 활동으로 걸작의 불상 조각이 많이 조성된다.

이 시기의 특징은 초기에는 중국 북제, 북주 내지 수나라 초의 영향을 받은 추상표현주의적 작품이 유행하다가 후기에는 중국 수나라 말 내지 당나라 초기의 영향을 받은 반사실 양식(半事實樣式)의 불상이 유행한다.

이 당시의 대표작은 선방사 삼존 불상(禪房寺三尊佛像)인 이른바 삼체 석불(三體石佛)과 삼화령 미륵세존(三花嶺彌勒世尊) 등을 들 수 있다.

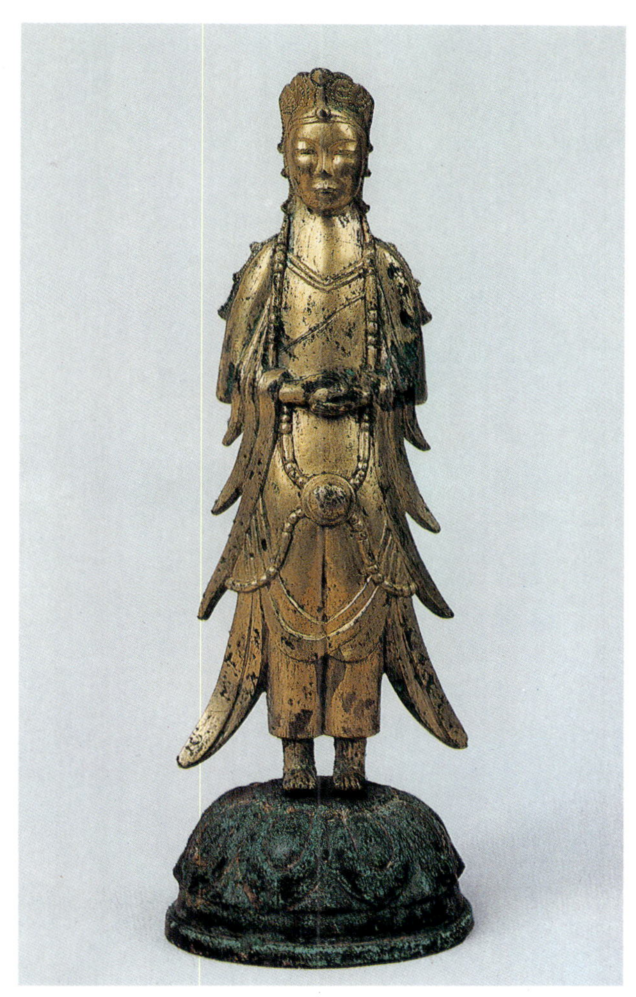

거창 출토 금동 보살 입상　고신라 제2기 양식의 대표적인 불상이다. 이 시기에는 불교의 성세와 함께 불상 조각에 있어 신라화를 이룩하게 된다. 간송미술관 소장.

마애불의 현상

백제

백제 마애불은 예산 사방불, 태안 마애불, 서산 마애불 등 3점밖에 알려져 있지 않지만 이들은 백제 불상의 대표작일 뿐만 아니라 우리 나라 불상의 대표적인 걸작으로 널리 알려져 있다. 또한 이들은 중국과 인도의 불교 문화와 교류 관계를 단적으로 알려 주는 귀중한 예로서 중요시되고 있다.

태안 마애 삼존불 입상(泰安磨崖三尊佛立像)　태안 반도의 첨단 도시인 태안읍의 진산 백화산 정상 가까이에 큼직한 바위가 있고 이 바위에는 특이한 마애불이 새겨져 있다. 이 마애불 근처에서 아름다운 해안선을 따라 눈길을 돌리면 천하의 절경이 펼쳐지며 특히 청명한 날의 낙조(落照)는 천하 일품이거니와 마애불을 이런 경승지에 조성한 것은 낙조나 절경과 무관한 것만은 아닐 성싶다.

병풍처럼 서 있는 바위를 약간 파서 감실형(龕室形)으로 만들면서 삼존불을 새겼는데 삼존불은 우선 형식부터 특이하다. 잘 알려져 있다시피 삼존불이란 중앙에 본존불(本尊佛), 좌우에 협시보살(脇侍菩薩)을 배치하는 것이 원칙인데 이 삼존불은 중앙에 보살, 좌우에 불상을 배치한 독특한 형식이다. 더구나 좌우의 불상은 큼직하고 중앙의 보살은 상대적으로 작아 중심에서 좌우로 확대되거나 좌우에서 중심으로 집중되는 듯한 이형(異形)의 배치 구도를 보여 주고 있다. 이러한 역삼각형 또는 V형의 시각적 효과는 색다른 감동을 준다.

이러한 이색적인 감동은 좌우 불상의 장중하고 패기찬 형태와 중앙 보살상의 고아(古雅)한 모습에서도 잘 드러나고 있다. 왼쪽 불상이나 오른쪽 불상은 기본적인 형태에서 꼭 같지만 왼쪽 불상(向右佛像) 머리 정상에는 작은 팽이 모양 육계(肉髻)가 얹혀 있는

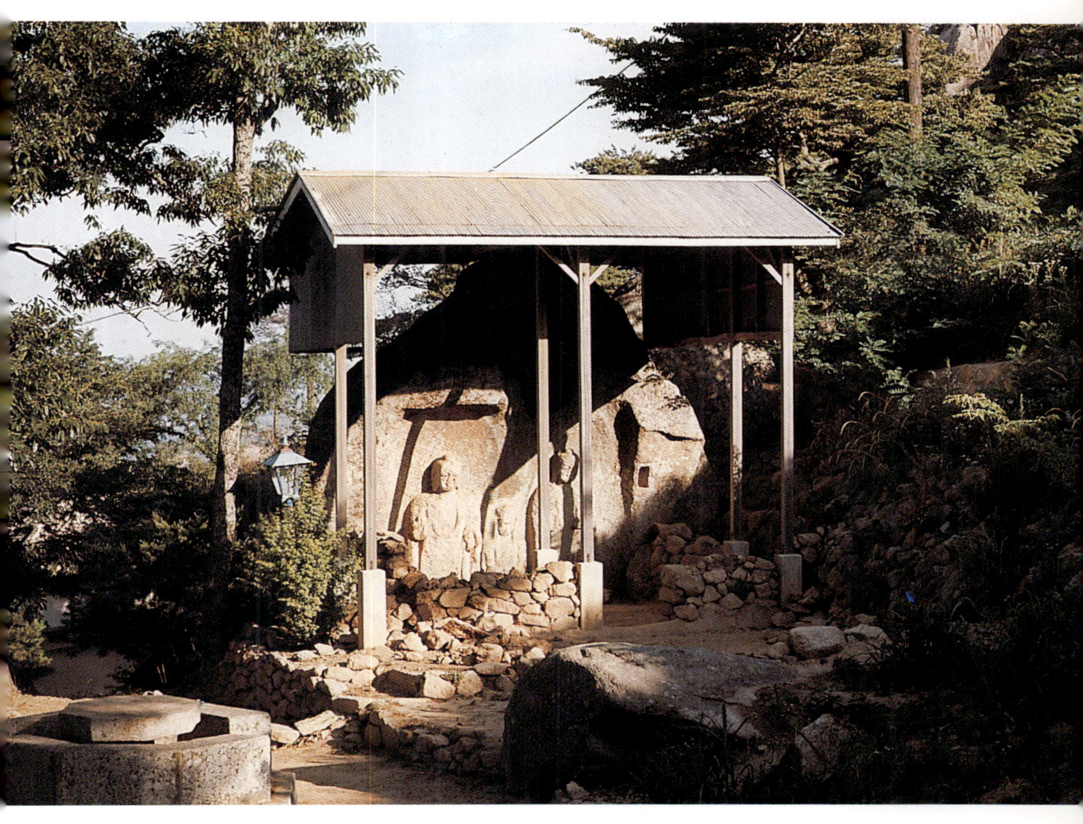

태안 마애 삼존불 입상 전경 이 마애 삼존불은 병풍처럼 서 있는 바위를 약간 파서 감실형으로 만들면서 새겼는데 형식이 특이하다. 곧 삼존불이란 중앙에 본존불, 좌우에 협시보살을 배치하는 것이 원칙인데 이 삼존불은 중앙에 보살, 좌우에 불상을 배치한 독특한 형식이다.

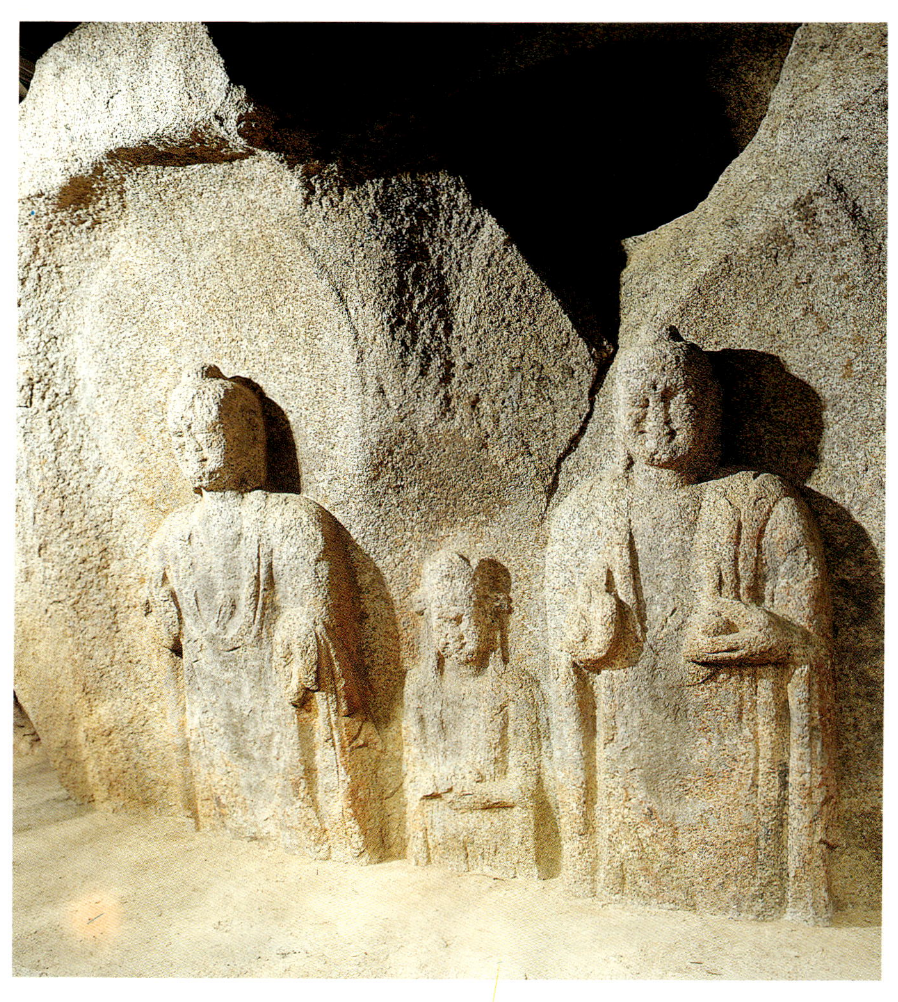

태안 마애 삼존불 입상 삼존불의 일반적인 배치 형식에서 벗어나 좌우의 불상은 큼직하고 중앙의 보살은 상대적으로 작아 중심에서 좌우로 확대되거나 좌우에서 중심으로 집중되는 듯한 이형의 배치 구도를 보여 주고 있다. 이러한 역삼각형 또는 V형의 시각적 효과는 색다른 감동을 준다.

듯 표현했는데 이것은 군수리 납석제 불좌상의 것과 비슷한 모양이며 소발의 머리칼, 얼굴의 기본 골격과 함께 같은 전통에서 유래하고 있는 것 같다. 이 불상의 얼굴은 살이 붙어 부피감이 있는 데다 근육이 팽창되어 강건한 인상을 보여 주고 있는데 가는 눈, 꽉 다문 입과 입가의 보조개, 큼직한 코, 팽창된 뺨과 함께 만면한 미소가 번지고 있어서 고졸한 인상을 풍겨 주고 있다.

신체는 역시 장대하고 웅위한 모습으로 얼굴과 신체가 강건하고 장대한 점에서 잘 조화되고 있지만 얼굴은 신체에 비해서 상대적으로 작아서 서로 대비되고 있다. 바로 북제 불상 내지 수 불상의 장대한 양식 계열의 영향을 받고 있는 것으로 생각되지만 좀더 위풍당당한 점에서 불(佛)의 위엄을 명쾌하게 보여 주고 있다. 곧 떡 벌어진 어깨, 당당한 가슴, 두 발로 버티고 선 묵중한 자세 등에서 불상의 위풍은 과시되고 있다. 통견의 불의도 두껍고 힘있게 처리되었으며 앞자락의 표현이나 두 팔을 걸쳐 내린 옷자락도 묵중하게 표현되어 불의 위엄을 더 돋보여 주고 있다. 두 손은 가슴 부근에 평행되게 표현하여 오른손은 손바닥을 보이면서 손가락을 굽혔으며 왼손은 보주(寶珠)를 살짝 잡고 있는데 이 역시 신체와 함께 좀 어색한 표현이어서 아직까지 능숙한 기량에는 미치지 못하고 있다. 가슴에 살짝 보이는 띠 매듭은 전(傳) 황룡사 금동 불입상의 것과 함께 중국과는 다른 우리나라 불상의 형식적 특징을 나타내고 있다. 오른쪽 불상 역시 왼쪽 불상과 흡사한 양식적 특징을 보여 주고 있지만 세부 형식에서는 두 손의 인상이 시무외인, 여원인을 한 모습 등에서 약간 다를 뿐이다.

중앙의 보살은 기본적으로는 두 불상의 특징을 그대로 이어받고 있지만 좀더 여성적인 점에서 부드러운 느낌이 있다. 그러나 서산 마애불 오른쪽 협시보살과 비교될 수 있지만 그만큼 능숙한 기량과 세련된 아름다움까지는 진행되지 못한 것 같다.

지금은 묻혀 있는 발목 아래와 대좌는 수년 전에 들어냈는데 그
결과 대좌는 단판 연화문으로 날카롭고 명쾌한 연꽃을 표현하고
있어서 백제 연꽃 무늬의 전형적인 아름다움을 보여 주고 있다.

서산 마애 삼존 불상(瑞山磨崖三尊佛像)　　충청남도 서산군 운산
면 용현리 산의 절벽에 새겨져 있는 백제시대의 서 있는 마애 삼존
불상이다(높이 2.8미터, 국보 제84호).

서산군 운산면은 중국의 불교 문화가 태안 반도를 거쳐 부여로
가던 행로상에 위치하고 있다. 곧 태안 반도에서 서산 마애불이
있는 가야산 계곡을 따라 계속 전진하면 부여로 가는 지름길이 이어
37쪽 사진　지는데 이 길은 예로부터 중국과 교통하던 고로(古路)였다. 이 길의
어귀가 되는 서산·마애불이 있는 지점은 산세가 유수하고 천하의
경승지여서 600년 당시에는 중국 불교 문화의 자극을 받아 찬란한
불교 문화를 꽃피웠는데 그 단적인 예가 서산 마애 삼존불이다.

38쪽 사진　묵중하고 중후한 체구의 입상인 본존은 머리에는 보주형 두광
(頭光)이 있으며 소발(素髮)의 머리에 육계는 작다. 살이 많이 오른
얼굴에는 만연한 미소가 있고 눈은 행인형(杏仁形)으로 뜨고 있다.
목에는 삼도(三道)가 없고 법의(法衣)는 두꺼워서 거의 몸이 나타나
있지 않다. 옷주름은 앞에서 U자형이 되고 옷자락에는 Ω형의 주름
이 나 있다. 수인(手印)은 시무외인(施無畏印), 여원인(與願印)으로
왼손 끝 두 손가락을 꼬부리고 있다. 발 밑에는 큼직한 복련 연화좌
(覆蓮蓮花座)가 있고 광배 중심에는 연꽃이, 주연(周緣)에는 화염
문이 양각되었다.

우협시보살은 머리에 높은 관을 쓰고 상호(相好)는 본존과 같이
살이 올라 있는데 눈과 입을 통하여 만면에 미소를 풍기고 있다.
목에는 짧은 목걸이가 있고 두 손은 가슴 앞에서 보주를 잡고 있
다. 천의는 두 팔을 거쳐 앞에서 U자형으로 늘어졌으나 교차되지는
않았다. 상체는 나형(裸形)이고 하체의 법의는 발등까지 내려와

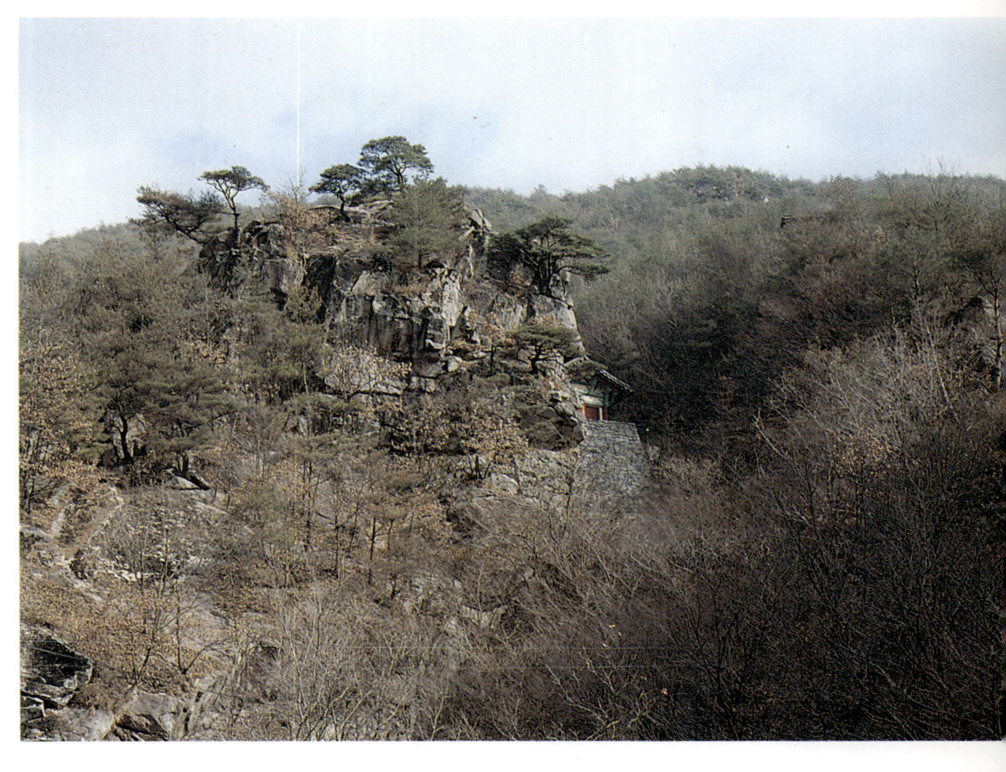

서산 마애 삼존 불상 원경 서산군 운산면은 중국의 불교 문화가 태안 반도를 거쳐 부여로 가던 행로상에 위치하고 있다. 이 길의 어귀가 되는 서산 마애불이 있는 지점 은 산세가 유수하고 천하의 경승지여서 600년 당시에는 중국 불교 문화의 자극을 받아 찬란한 불교 문화를 꽃피웠는데 그 단적인 예가 서산 마애 삼존불이다.

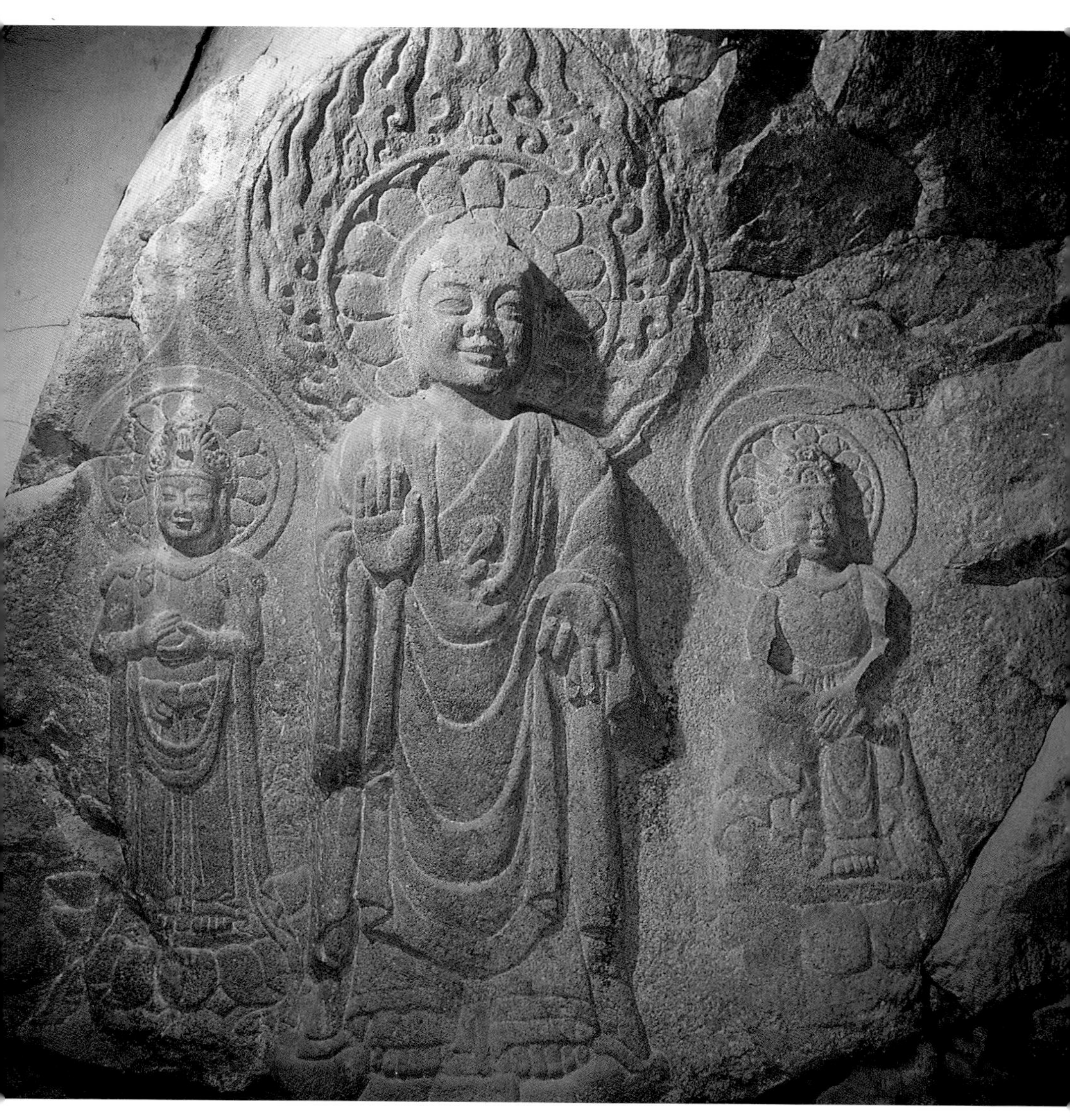

38 삼국시대 마애불

있다. 발 밑에는 복련 연화좌가 있고 머리 뒤에는 보주형 광배가 있는데 중심에 연꽃이 있을 뿐 화염문은 없다.

좌협시보살은 통식(通式)에서 벗어나 반가사유상(半跏思惟像)을 배치하였다. 이 보살상은 두 팔에 크게 손상을 입고 있으나 전체의 형태는 충분히 볼 수 있다. 머리에는 관을 썼고 상호는 다른 상들과 같이 원만형(圓滿形)으로 만면에 미소를 띠고 있다. 상체는 나형이고 목에는 짧은 목걸이를 걸쳤고 허리 밑으로 내려온 옷자락에는 고식의 옷주름이 나 있다. 발 밑에는 큰 꽃잎으로 나타낸 복련 대좌(覆蓮臺座)가 있고 머리 뒤에는 큰 보주형 광배가 있는데 그 형식은 우협시보살의 광배 형식과 같다.

이 삼존상의 특이한 형식은 태안 마애불과 함께 세계 유일한 예인데 이것은 「법화경」의 수기 삼존불(授記三尊佛) 곧 석가불, 미륵보살, 제화갈라보살의 삼존불로서 「법화경」 사상이 백제 사회에 유행한 사실을 입증해 주는 가장 중요한 사료가 될 것이다. 따라서 이 불상은 백제 불교사 내지 사상사 연구에 중요한 구실을 하며 또한 조선조 사원에 흔히 건립된 응진전(應眞殿) 수기 삼존불의 가장 오래 된 원조로서 의의가 있다.

서산 마애 삼존 불상 묵중하고 중후한 체구의 입상인 본존은 머리에는 보주형 두광이 있으며 소발의 머리에 육계는 얕다. 우협시보살은 머리에 높은 관을 쓰고 상호는 본존과 같이 살이 올라 있는데 눈과 입을 통하여 만면에 미소를 풍기고 있다. 좌협시보살은 통식에서 벗어나 반가사유상을 배치하였다. 머리에는 관을 썼고 상호는 다른 상들과 같이 원만형으로 만면에 미소를 띠고 있다.(옆면)

예산 화전리 사면 석불(禮山花田四面石佛) 이 사면불은 태안 마애불, 서산 마애불을 거쳐 바로 도달하는 지근 거리에 있는 충청남도 예산군 봉산면 화전리에 위치한다. 백제시대의 납석제 돌기둥에 새긴 사방불상으로(보물 제794호) 원래 암반 위에 돌출한 돌기둥을 사면으로 깎아 각 면에 사방불상을 새긴 것이다. 거대한 석주가 아니어서 마애불이라고 하기에는 꼭 맞지 않은 점도 있지만 조각 기법이 마애적인 것이고 워낙 자료가 없기 때문에 일단 마애불로 취급할 수밖에 없다. 돌기둥은 원래 남북면이 넓고 동서면이 보다 좁은 것인 듯 현재 원모습대로 치석(治石)하여 남북동서의 순차에 따라 너비가 좁아지고 있다. 가장 넓은 남면에는 좌상을 새기고 동북서면에는 입불(立佛)을 새겼는데 남면 불이 이 돌기둥의 주불(主佛)로 생각되며 따라서 불전(佛殿)의 주불도 남방불로 생각된다.

41쪽 사진

예산 화전리 사면 석불(오른쪽)
예산 화전리 사면 석불의 남면 남방불상(옆면)

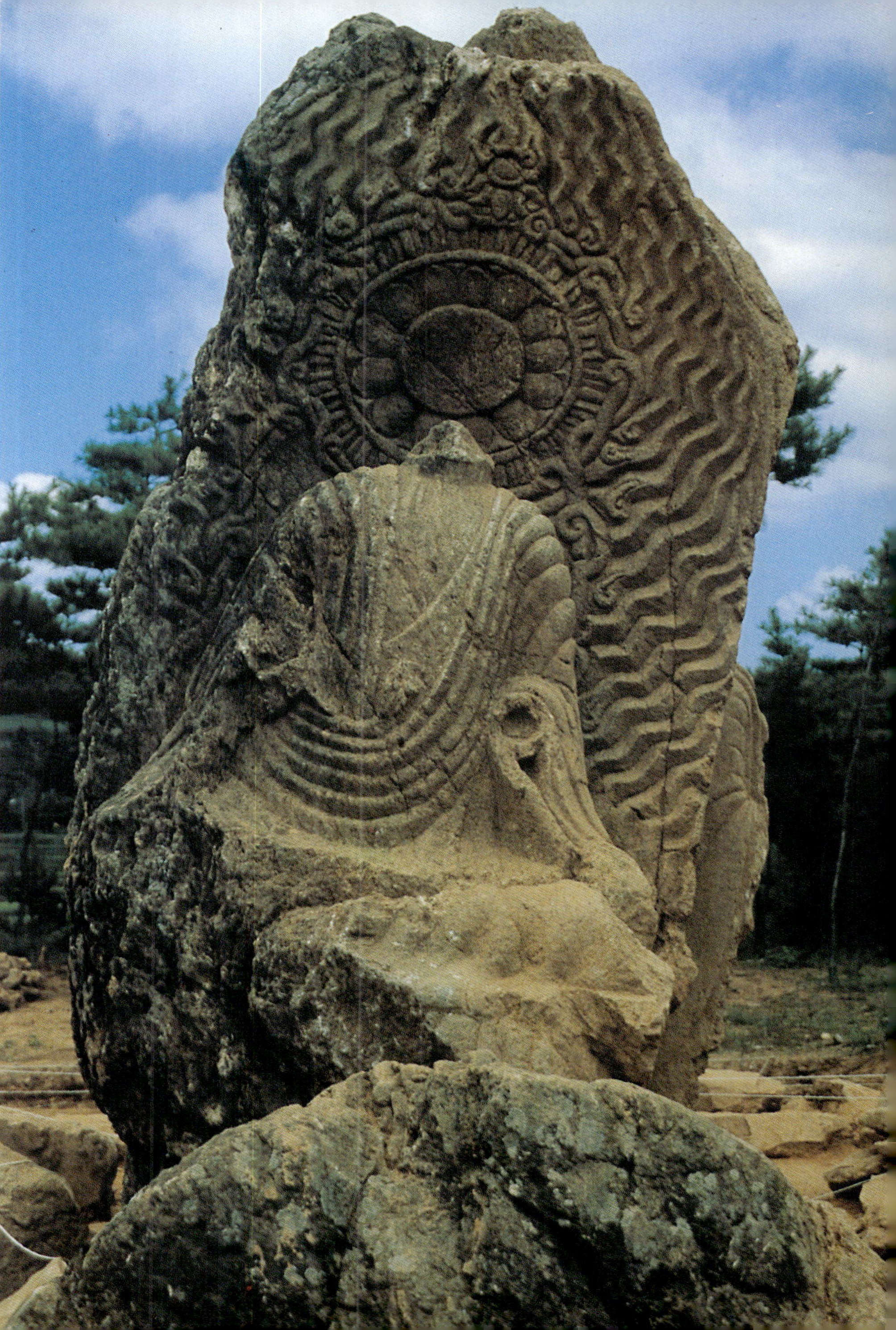

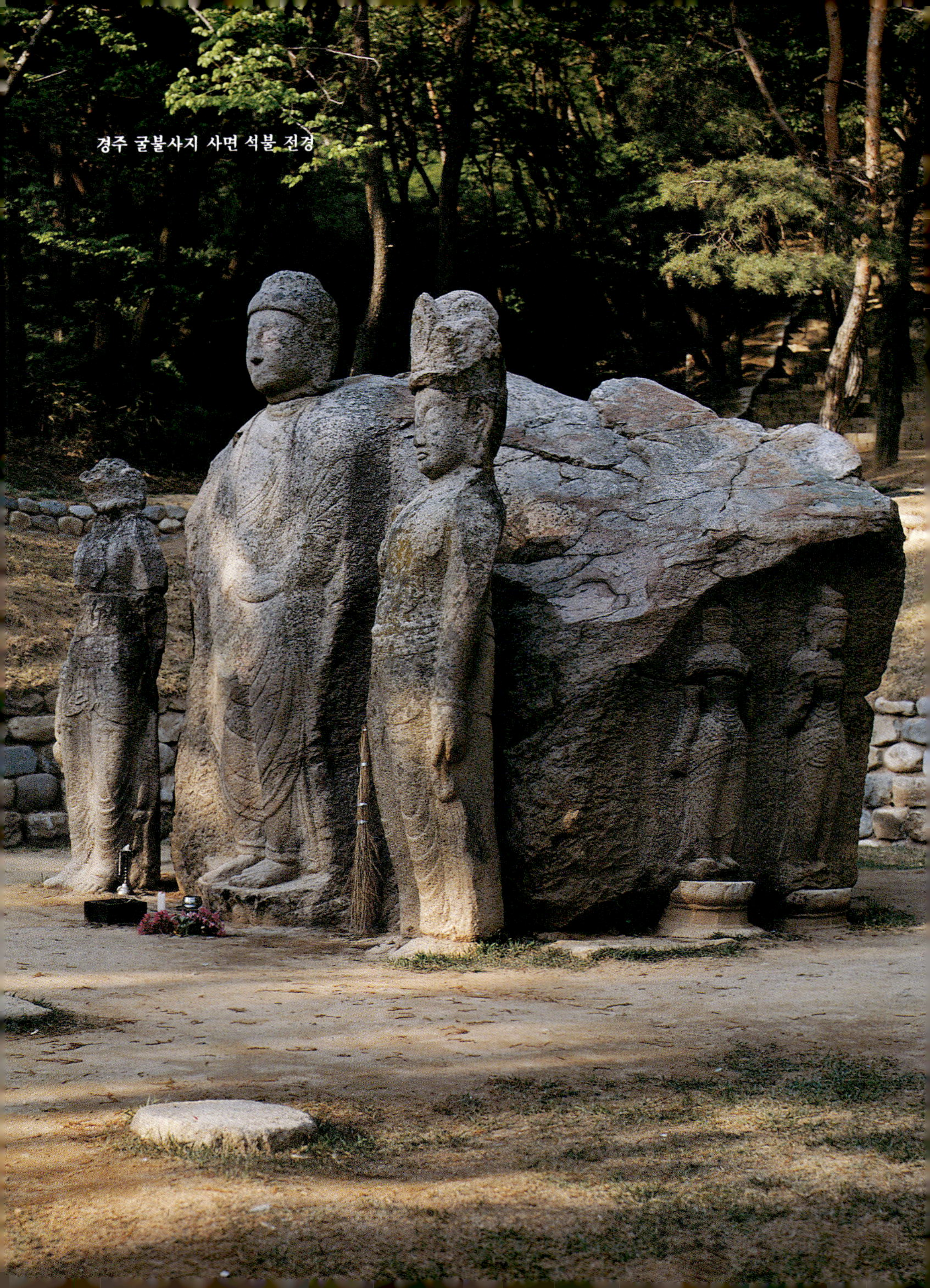
경주 굴불사지 사면 석불 전경

남면 남방불상(南方佛像)은 현재 머리, 두 손, 오른쪽 무릎 부분 등이 파손되었지만 발굴 때 머리의 발견으로 원모습을 충분히 복원하여 볼 수 있다. 얼굴에 표현된 미묘한 묘사는 잘 알아볼 수 없게 깨어졌지만 전체 윤곽에서 듬직하고 박력있는 불력(佛力)을 느낄 수 있다. 체구는 두꺼운 불의(佛衣) 속에 감싸여 있어서 가슴이나 배 등의 양감 표현이 없지만 장대한 상체에 어깨는 비교적 자연스럽게 흘러내렸으며 전체적인 윤곽이 퍽 세련되어 당대의 뛰어난 걸작으로 생각된다. 두 손은 결실되었지만 손을 끼우던 구멍 자리와 출토된 손 모양으로 보아 시무외, 여원인을 짓고 있었으리라 본다. 불의는 통견의로 오른쪽 어깨를 덮어내린 대의(大衣) 한 자락은 가슴을 거쳐 배 아래로 내렸고 왼쪽 어깨를 덮어내린 대의의 한 자락은 거의 직선에 가깝게 흘러내려 다리를 거쳐 상현좌를 이루고 있다. 특히 직선적인 옷주름이나 평행 계단식의 힘차고 강인한 주름선은 인도 굽타 불상을 기원으로 하는 운강 석굴 불상에 유행되었던 고식을 따르고 있어서 퍽 주목된다. 특히 대의 안에 불의를 입고 있는데 이것은 상의(上衣)로 보는 것이 타당하다. 광배는 160센티미터나 되는 거대한 주형 거신광(舟形擧身光)인데 두광은 연꽃 무늬, 빗살 무늬, 당초 무늬가 차례로 새겨졌으며 이 주위로 불꽃 무늬가 외곽으로 새겨져 있다. 서산 마애불이나 연동리 석불상과도 친연성이 있지만 이들보다 소박하면서 박진감나는 것이어서 보다 고식으로 평가된다.

동면 동방불상(東方佛像)은 입상인데 남방 좌불상보다 약간 소박하고 단순한 면도 보인다. 등신대(等身大)의 이 불상은 비교적 당당하고 세련된 형태를 나타내고 있다. 곧 넓은 가슴, 균형잡힌 어깨와 양감있는 팔, 자연스러우면서도 곧은 하체 등에서 이 불상의 우아하고 세련된 형태미를 볼 수 있다. 통견의 불의는 소박하면서도 단순하게 처리되었지만 산뜻하고 우아한 특징을 잘 표현하고 있다. 광배

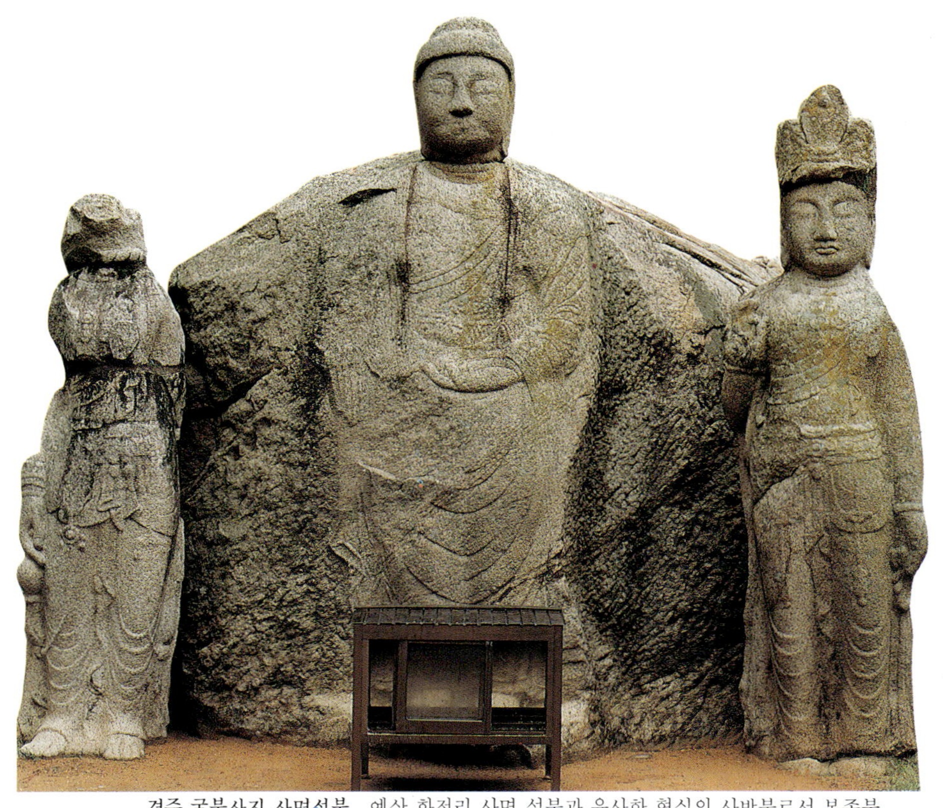

경주 굴불사지 사면석불　예산 화전리 사면 석불과 유사한 형식의 사방불로서 본존불
이 좌불상으로 봉안되지 않은 것만 다를 뿐이다.

는 8엽의 단판 연화문을 새긴 두광배만 있을 뿐 신광은 내만한 처리
로 대신하고 있다. 북면 북방불상은 동방불상과 흡사하지만 노출되
었던 부분도 있어서 원모습에서 어느 정도 변형되었으며, 서면 서방
불상은 전면 노출되어 마멸 때문에 원모습을 상당히 잃어버렸다.

43쪽 사진　　이와 유사한 형식의 사방불로는 경주 굴불사지 사면 석불(掘佛寺
址四面石佛)이 있는데 굴불사 사방불은 본존불이 좌불상으로 봉안되
지 않은 것이 다를 뿐이다.

이러한 사방불상의 특징은 중국의 공현 석굴 불상(鞏縣石窟 1, 3, 4窟, 517~528년)과 친연성이 강하고 용문 양식(494~525년)과 상통하며, 백제의 서산 마애불 등과 밀접한 관계에 있으면서도 보다 선행한 양식으로 판단된다. 따라서 백제작으로 자랑할 수 있는 작품 가운데 가장 이른 것이며, 세련미에서는 서산 마애불에 버금갈 만한 중요한 대작이라 하겠다. 또한 이 불상들은 우리나라 최초의 석조 사방불이라고 할 수 있으므로 그 조형 의지상 의미 심장한 작품이라 할 수 있다. 따라서 이 불상은 우리나라 조각사 연구 내지 백제 미술사상 가장 귀중한 작품의 하나이다.

고신라

고신라에서도 마애불이 많이 조성되지는 않았다. 현재 어느 정도 확실한 작품으로는 단석산 석굴 마애 불상군, 경주 남산 불곡 감실 불좌상, 경주 남산 신인사(탑곡) 석주 마애 불상군과 충북 중원 지방에 있는 가금리 마애 불상군 등을 헤아릴 수 있다. 이 밖에 봉화 북지리나 영주 가흥리 마애 불상들은 삼국시대 말 내지 통일신라 초기인 650년경 전후에 조성되었지만 편의상 통일신라 마애불로 취급했다. 고신라의 마애불들도 당시 최고의 걸작으로 손꼽히므로 당시 조각사 연구에 가장 귀중한 예로 높이 평가되고 있다.

단석산 신선사 마애 불상군(斷石山神仙寺磨崖佛像群)　거대한 암벽이 ㄷ자로 높이 솟아 하나의 스실(石室)을 이루었는데 여기에 인공적으로 지붕을 덮어 이른바 석굴 법당(石窟法堂)을 만들었다. 신라 최초의 석굴 사원인 셈이다. 이 석굴의 바위면에는 모두 10 구의 불, 보살상이 새겨져 있어 장관을 이루고 있다. 서쪽으로 트인 곳이 입구였는데 이곳으로 들어오면 왼쪽이 되는 북쪽 바위에 삼존 불상이 왼손으로 동쪽을 가리키고 있어 본존불로 인도하는 독특한 자세를 보여 준다. 이 안쪽에 반가사유상이 얕은 돋을새김으로 새겨

47쪽 위 사진

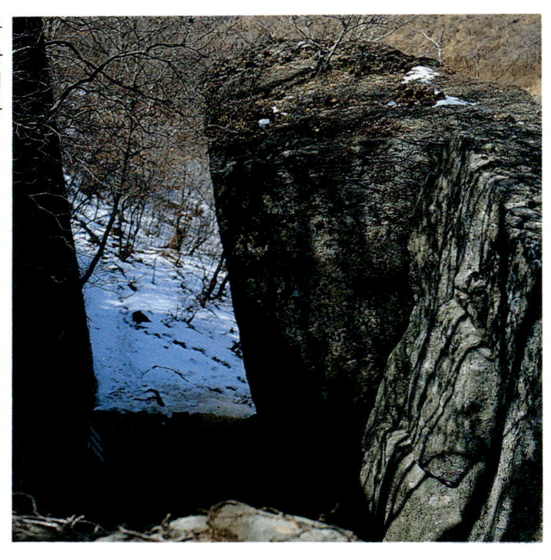

<table>
<tr><td>47쪽 아래 사진</td><td>있는데 삼국시대 반가사유상 연구에 귀중한 자료이다. 이 밑쪽에 버선 같은 모자를 쓰고 공양을 바치는 공양자상 2구와 스님 한 분이 얕은 부조로 새겨졌는데 이 역시 신라인의 모습을 아는 데 중요한 자료가 되고 있다.</td></tr>
</table>

47쪽 아래 사진

있는데 삼국시대 반가사유상 연구에 귀중한 자료이다. 이 밑쪽에 버선 같은 모자를 쓰고 공양을 바치는 공양자상 2구와 스님 한 분이 얕은 부조로 새겨졌는데 이 역시 신라인의 모습을 아는 데 중요한 자료가 되고 있다.

48쪽 사진

　여기서 바위가 단절되어 쪽문처럼 트였고 다시 바위가 솟았는데 이 바위면에 거대한 불상이 있다. 이 불상은 비록 딱딱하고 서툰 솜씨로 조성된 면도 있지만 중후한 체구와 둥글고 동안(童顔)인 얼굴, U자 모양을 이루는 법의 안에 내의를 묶은 띠매듭 등 선방사 삼존불의 양식적 특징과 친연성이 강하다. 명문에 의하면 장륙의 미륵불상이 확실하므로 당시의 신앙 경향을 이해하는 데 매우 중요한 불상이다. 이 오른쪽이 동쪽 바위이고 여기에 보살상이 새겨져 있다. 다시 오른쪽의 남쪽 바위면에 비슷한 보살상이 새겨져 있는데 둘 다 선각과 얕은 부조여서 마멸이 약간 심한 편이다. 보살상의

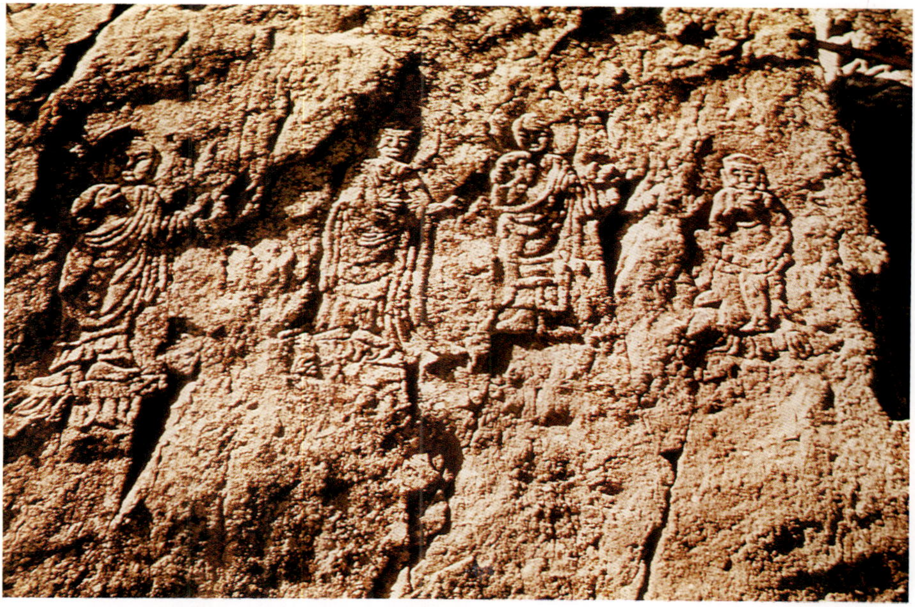

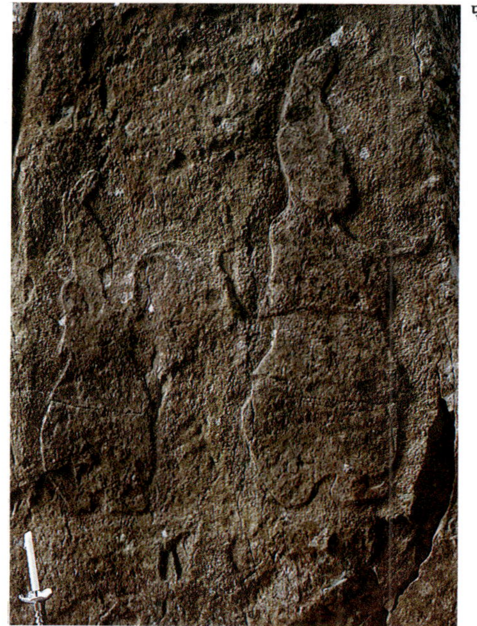

단석산 신선사 마애 불상군 이 불상군이 있는 곳은 서쪽으로 트인 곳이 입구였는데 이곳으로 들어오면 왼쪽이 되는 북쪽 바위에 삼존 불상이 왼손으로 동쪽을 가리키고 있어 본존불로 인도하는 독특한 자세를 보여 준다(위). 이 밑쪽에 버선 같은 모자를 쓰고 공양을 바치는 공양자상 2구와 스님 한 분이 얕은 부조로 새겨졌는데 이 역시 신라인의 모습을 아는 데 중요한 자료가 되고 있다.(왼쪽)

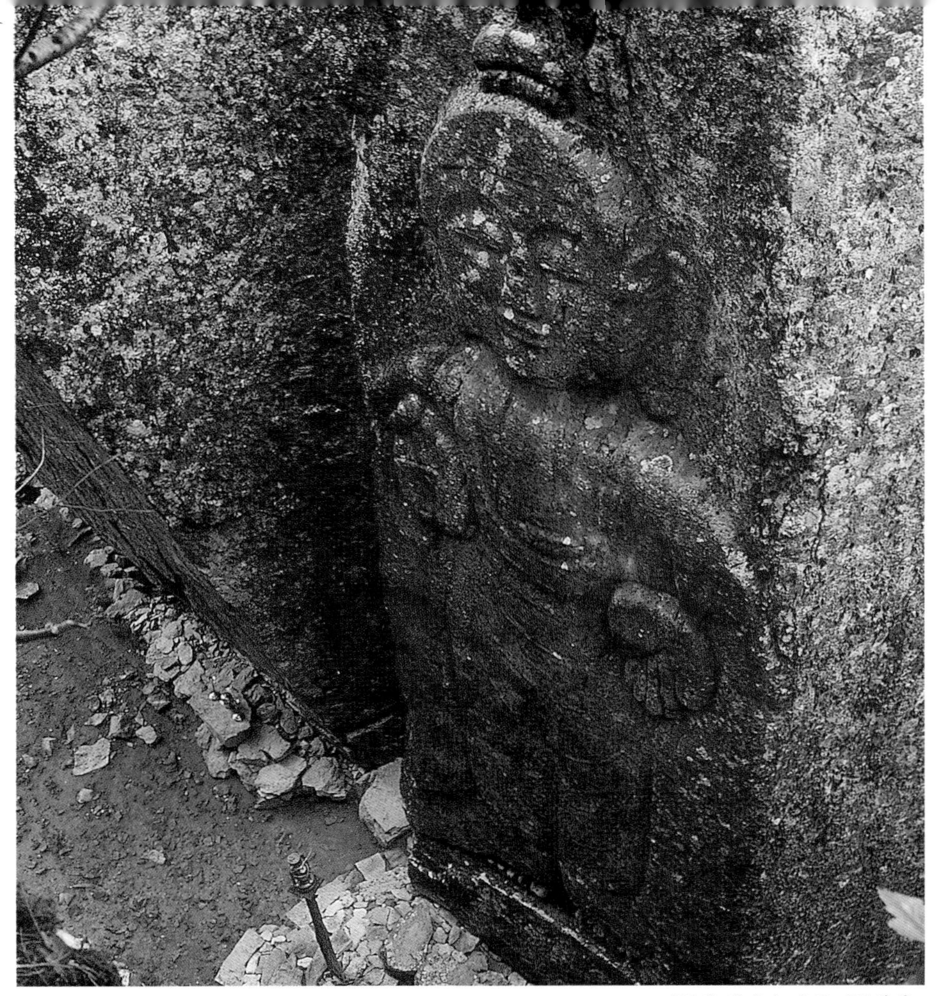

단석산 신선사 마애 미륵불상

동쪽(內側)에는 한자로 된 명문이 새겨 있는데 마멸이 심하여 완전
히 판독은 안 되지만 이 절이 신선사이고 본존불이 미륵 장륙상인
것 등은 확인할 수 있다.

어쨌든 명문을 가진 신라 최초의 석굴 사원이자 7세기 전반기
불상 양식을 보여 주는 이 석불상군은 고신라 불교 미술 연구에
귀중한 작품으로 높이 평가되고 있다.

중원 마애 불상군(中原磨崖佛像群) 충청북도 중원군 가금면
봉황리 뒷산의 바위면에 있는 2군(群)의 삼국시대 마애 불상군이다
(충청북도 유형문화재 제131호). 곧 강이 내려다보이는 절경의
바위면에 새겨진 것으로 바로 이웃한 두 절벽에 새겨졌다.

1군은 대 마애 불좌상인데 큰 절벽의 전면에 고부조로 큰 마애불
을 새긴 것이다. 결가부좌로 앉아 있는 이 마애 불좌상은 무릎이
넓고 높아 특이한 형태를 나타내고 있다. 머리는 나발의 머리칼에
육계는 낮으며 얼굴은 둥글지만 네모난 모습에 가깝다. 눈, 코는
길고 가늘며 입은 큰 편인데 고졸한 미소를 띠고 있다.

상체는 사각형에 가까우면서 약간 평판적인데 군데군데 파손이
있으며 하체의 무릎은 높고 넓어 신체 전체가 삼각형 구도를 나타내

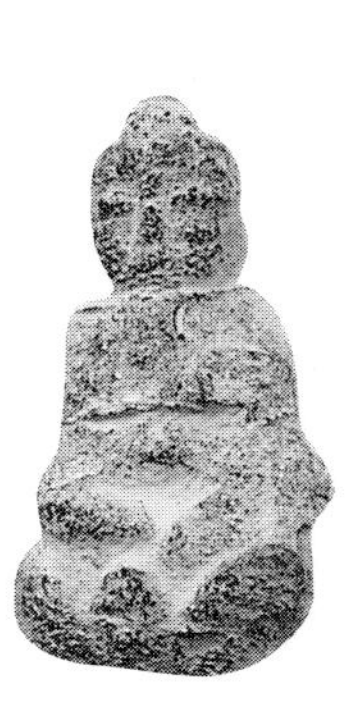
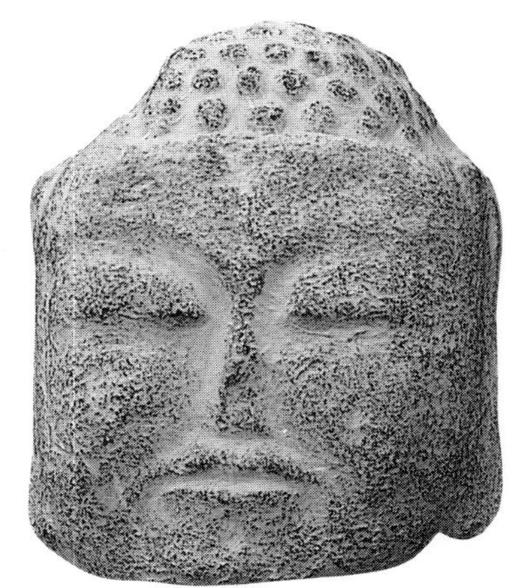
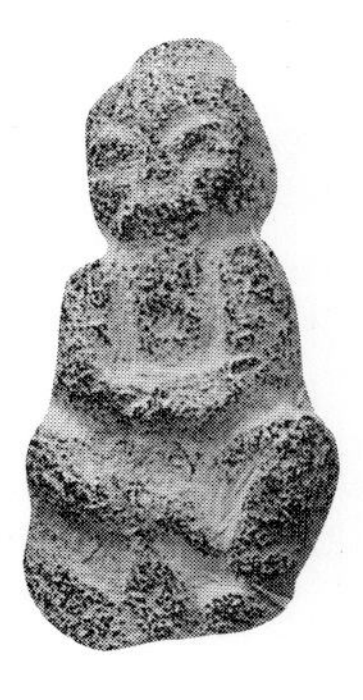

중원 마애 불상군 대 마애 불좌상의 얼굴과 화불 부분을 탁본한 것이다.

고 있다. 머리 주위로 연꽃 대좌에 묻힌 듯 앉아 있는 화불(化佛)들이 여러 구 새겨져 있는데 연화생(蓮花生)하는 모습처럼 보인다. 이러한 수법은 영주 북지리 마애 불상과 비슷하지만 이 불상이 좀더 경직된 듯한 인상이다.

　　다른 1군은 약간 떨어진 곳의 낮은 절벽에 새겨진 상당수의 불상군을 나타내고 있다. 이 암면은 본존과 다른 상 사이에 깊은 결락이 있어서 사이를 갈라 놓고 있는 셈이다. 향좌(向左)의 상석 불좌상인데 오른쪽 무릎 일부를 제외하고는 무릎 전부가 탈락되었다. 전체 불상은 앞의 대 마애 불상과 비슷한 특징을 나타내고 있는데 육계의 형태, 평판적이고 사각형에 가까운 얼굴, 눈, 코, 입, 귀 등이 길고 가는 것이 비슷하다. 상체 역시 사각형에 가깝고 평판적인 건장한 모습인데 통견의 불의(佛衣)에 옷주름은 굵은 띠주름을 이루고 있다. 오른손은 들고 왼손은 내린 시무외인, 여원인의 인상을 짓고 있는데 손은 비교적 사실적인 편이다. 옆의 공양자상은 왼다리는 세웠고 오른다리는 꿇어 앉아 무엇을 바치는 자세이다. 상체나 무릎 등이 세장한 편이어서 편년 자료가 어느 정도 파악된 셈이다.

　　불좌상에 이어 반가사유상과 함께 보살 5구를 새기고 있다. 반가사유상은 상체와 팔 등이 너무 세장하며 하체는 굵고 듬직하다. 왼쪽(向右) 보살상 1구와 오른쪽에 4기의 입불상이 새겨져 있는데 세장한 체구와 단정한 모습을 나타내고 있다. 이러한 특징은 중국의 수나라 이래 표현되던 불상 특징이 영향을 미친 것으로 생각되는데 삼국 가운데 당시 이 지역을 통치하던 신라로 추정된다. 원래의 양식 특징은 북위의 영향을 받은 고구려 양식에 원류를 두었다고 생각되지만 북제, 수의 양식이 이 불상에 중점적으로 표현되고 있기 때문이다. 따라서 이 지역에서 출토된 납석제 불, 보살 병존 입상이나 금동불 광배 등과 함께 이 지역 불상의 역사적 의의는 여러모로 중요하다.

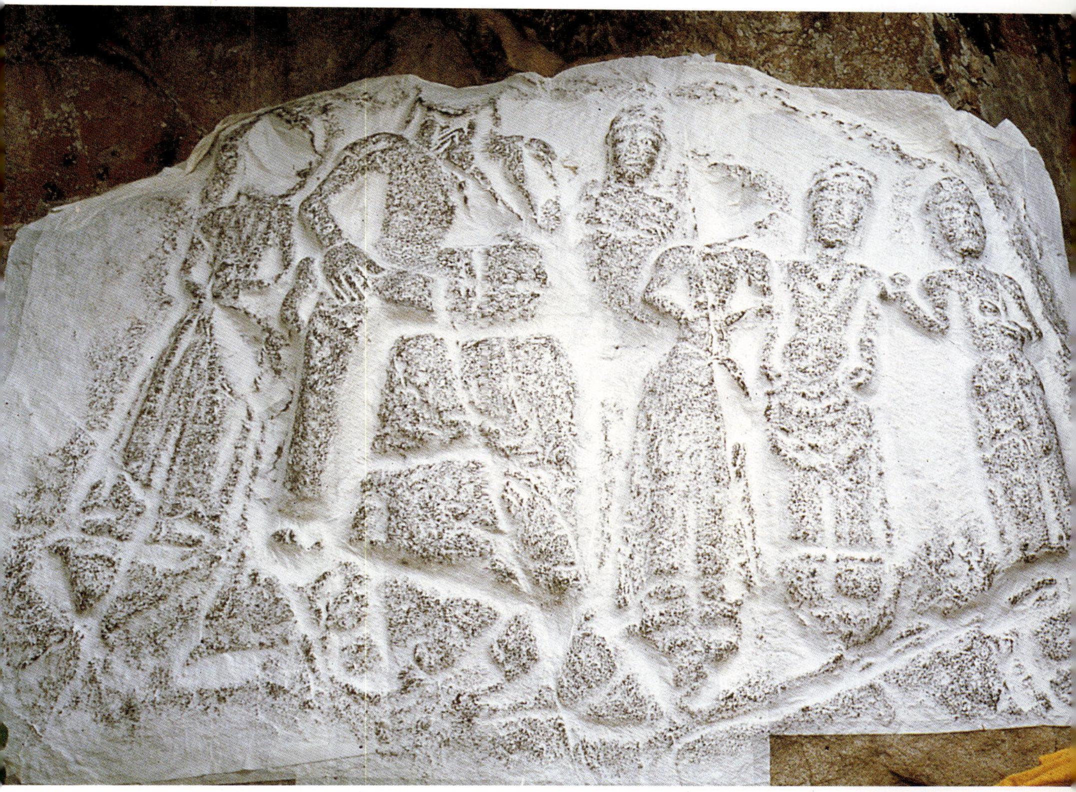

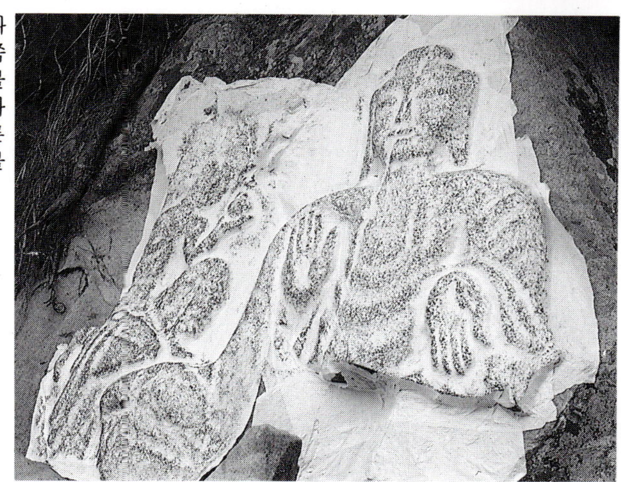

중원 마애 불상군 위는 반가사유상과 함께 보살 5구를 새긴 것이다. 왼쪽 보살상 1구와 오른쪽에 4기의 입불상이 새겨져 있는데 세장한 체구와 단정한 모습을 나타내고 있다. 오른쪽은 공양자상과 함께 새겨진 좌불상이다.

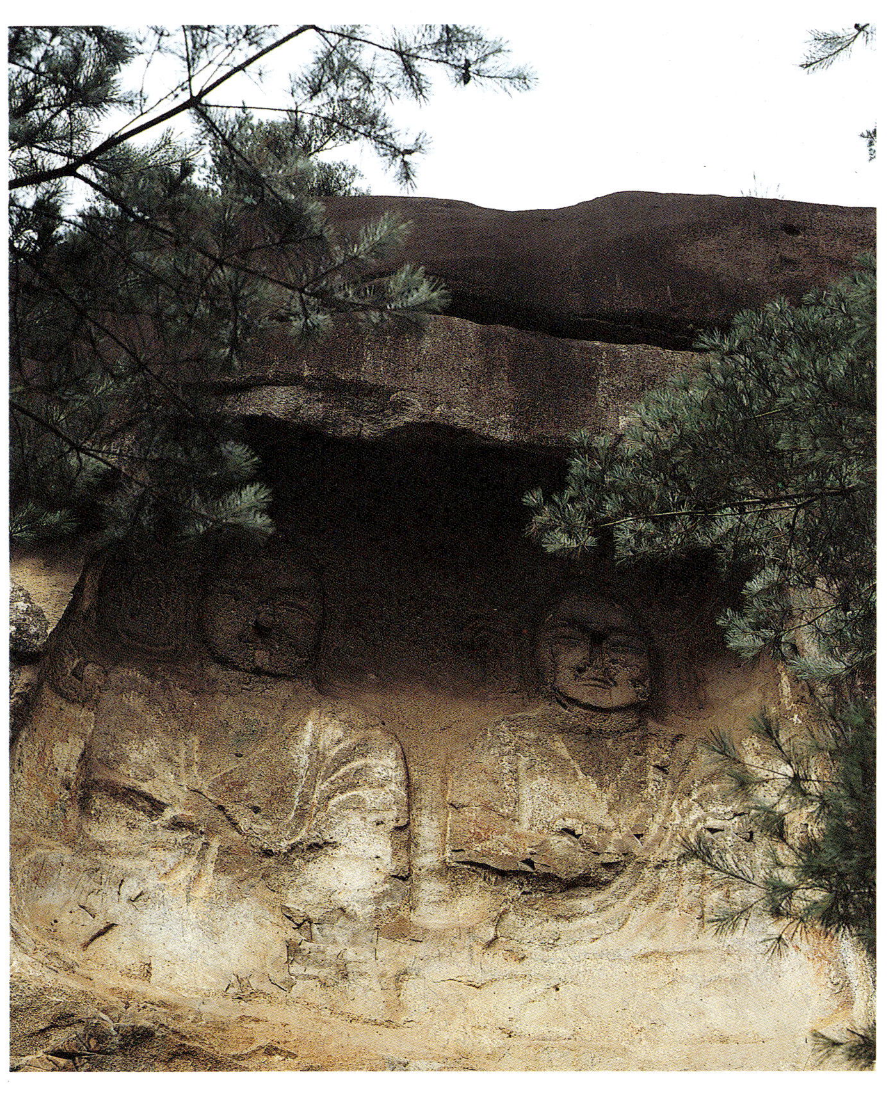

중원 이불 병좌상 높이 12미터의 큰 암석에 감실을 파고 그 안에 2구의 불상을 나란히 조각하였다. 고려시대의 마애불이지만 중원 지역 불상의 의의는 여러모로 중요하다.

경주 남산 탑곡 마애 조상군(慶州南山塔谷磨崖彫像群)   경상북도

경주시 배반동 남산 탑곡의 거대한 돌기둥 사면에 새겨져 있는 신라 시대의 마애 조상군이다(보물 제210호). 신인사로 밝혀진 이 절터에는 높이 약 9미터, 둘레 약 26미터의 큰 바위가 우뚝 솟아 있는데 사면에 수십 구의 불, 보살상과 기타 조각이 새겨져 있다. 바위 남면이 산등성이와 연결되기 때문에 한 단 높은 대지를 이루었고 동, 북, 서면은 이보다 한 단 낮아 바위의 전체 높이가 9미터쯤 된다.

남면에는 석탑과 석등 일부가 남아 있는데 최근에 탑이 복원되었다. 남면의 바위면은 40센티미터 정도 틈이 벌어져 두 면을 이루고 있는데 오른쪽에 삼존 불상이 새겨져 있고 왼쪽에 상체만 보이는 나한상(羅漢像)이 부조되어 있다. 그 앞에 환조의 보살형 불상이 서 있고 그 옆의 바위에 또 하나의 나한상이 부조되어 있다. 삼존불은 본존불을 중심으로 좌, 우협시보살이 본존 쪽으로 몸을 비틀고 있다. 본존은 마멸이 심하여 명확하게 구별할 수 없지만 동면 본존불과 비슷하게 얕은 육계, 둥근 얼굴에 미소를 짓고 있으며 길고 유연한 상체에 넓게 퍼진 무릎의 특징적 체구, 간명한 옷주름선 등을 보여 주고 있다. 광배는 두광으로 둥근 원형 광배에 연꽃과 광선 무늬가 있으며 대좌는 만개한 연꽃 무늬로 구성한 특이한 모양이다. 왼쪽 협시보살상 옆에는 보리수 한 그루가 서 있어서 이 바위 조각은 나무 숭배 신앙과 깊이 연관되고 있는 것 같다.

왼쪽 암면에 새겨진 나한상은 동안의 모습과 두 손을 가슴에 모아 옷자락으로 덮어내린 자세의 동자승 모습이다. 환조상의 옆 바위에 새겨진 나한상은 측면관인데 길고 복스러운 얼굴, 위엄있는 자세 등을 뛰어난 수법으로 묘사하고 있다. 동면에는 삼존 불상과 공양하는 승려상, 6구의 비천상이 있고 왼쪽의 앞면에는 두 그루의 나무 밑에 참선하고 있는 승려상 그리고 그 앞 바위에 새겨진 보살형 상 등 모두 11구의 불상과 보살상 등이 새겨져 있다. 삼존불의 중앙

54쪽 사진

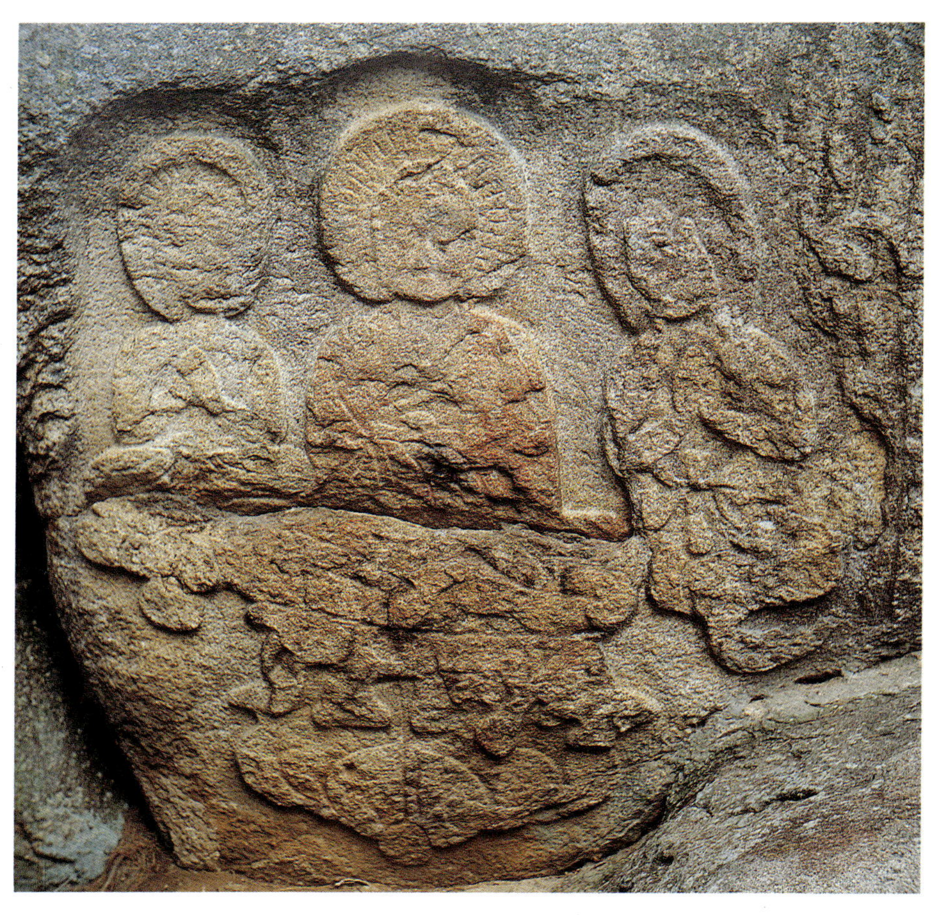

경주 남산 탑곡 마애 조상군　신인사로 밝혀진 절터에는 높이 약 9미터, 둘레 약 26미터의 큰 바위가 우뚝 솟아 있는데 사면에 수십 구의 불, 보살상과 기타 조각이 새겨져 있다. 바위의 삼면은 40센티미터 정도 틈이 벌어져 두 면을 이루고 있는데 오른쪽에 삼존 불상이 새겨져 있다.

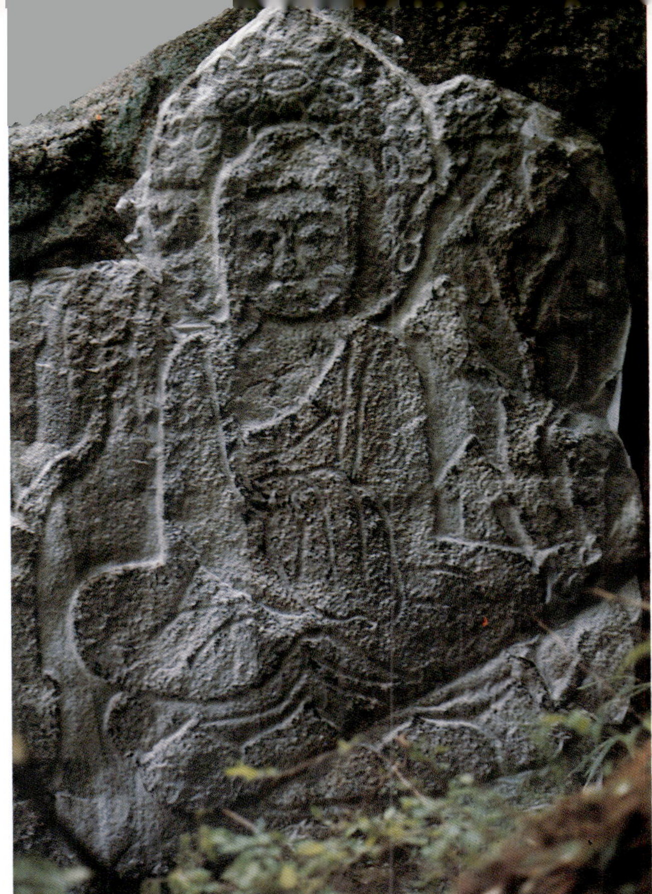

본존은 둥근 얼굴에 눈은 가늘고 길며 코 역시 길고 큼직하고 입은
작아 미소를 머금고 있다. 상체는 유연하고 긴데 하체의 무릎은
유난히 넓으며 두 손은 앞섶의 옷자락 속에 넣고 있다. 광배는 둥근
두광인데 16잎의 연꽃과 36선의 광선으로 구성된 독특한 모양이며
대좌는 특이한 연꽃 무늬이다. 왼쪽 협시보살은 측면관인데 긴 눈
썹, 매부리코, 큼직한 입 등 이국적인 모습이고, 공양상도 이국적인
얼굴인데 아마도 서역 계통의 인물을 묘사한 것으로 생각된다. 이들
의 위에는 상체만 보이는 비천상들이 날고 있다.

　서면에는 나무 밑에 결가부좌한 불상 1구와 비천 2구가 새겨져 있다. 두 그루의 나무 밑에 앉아 있는 불상은 얼굴이나 체구는 거의 동면상과 비슷하다. 북면에는 9층탑과 7층탑이 서 있고 탑 밑에는 마주보며 날뛰고 있는 괴수가 보이고 탑 상륜부 사이 연꽃 대좌 위에 앉아 있는 불상이 있다. 불상은 동면 본존과 흡사하며 머리 위에는 화려한 보개(寶蓋)가 새겨져 있고 9층탑의 상륜에 걸쳐 비천 1구가 불상을 향하여 날고 있다.

　충청남도 연기 지방의 비상(碑像)들의 구도와 비슷한 점도 있지만 이 부조들이 훨씬 자유 분방하여 중국의 비상이나 남향당산 제1동 석굴 사원의 구도와 일맥 상통하는 것 같다. 불상들의 형태는 부드럽고 유연하며 얼굴의 양감이나 파격적인 고졸한 미소 등 군수리 납석제 불상이나 익산 연동리 석불 좌상을 연상시킨다. 세부 형식들 곧 연꽃 무늬나 두광배의 특징 등도 익산 연동리 석불 좌상이나 비암사(碑巖寺) 비상들과 상통한다. 따라서 이 조각의 조성은 7세기 중엽이 될 것으로 생각되므로 삼국 말기의 신라 조각사를 연구하는 데 매우 귀중한 자료라 하겠다. 또한 이 불상들은 석주 4면에 새겨져 있어 일종의 사방불이 되는데 우리나라에서는 현재까지 발견된 것 가운데 가장 오래 된 자료로 사방불의 수용 문제를 풀 수 있는 열쇠가 된다.

　이 사방불은 「관불삼매해경(觀佛三昧海經)」과 「금광명경(金光明經)」에 의한 사방불로 추정되며, 이 절 이름이 명문 기와에 의하여 신인사로 밝혀졌으므로 신인종의 미술로 우리나라 불교사 연구에도 귀중한 자료가 될 것이다. 또한 이 사방불은 새로운 방위 개념을 체계화시킨 것으로 신라가 삼국을 통일하는 의지를 나타낸 작품으로 생각된다. 사천왕사(四天王寺)가 신상으로 당군(唐軍)을 물리치고자 했다면 이 신인 사방불은 사방불로써 마군을 항복받고자 조성한 것으로 생각된다.

통일신라시대 마애불

통일신라의 시작은 여러 가지 여건으로 보아 650년경부터 잡을 수도 있기 때문에 여기서는 650년을 기점으로 통일신라로 일단 가정했다. 이 650년경을 전후해서 경주 서악 선도산 마애불과 봉화 북지리 마애불, 영주 가흥리 마애불 등이 조성되기 시작하면서 마애불의 전성 시대를 열게 된다. 경주 남산의 무수한 마애불, 전국 각지의 명산 절벽마다 마애불을 새겨 산하 도처에 부처님의 상으로 충만하게 된다.

이들 마애불은 그 주위 마을 사람들은 물론 오가는 길손들의 예배 대상으로 널리 애용되기도 했으므로 가장 사랑받고 경외받았던 불상들이라 할 수 있다.

불상의 특징

중대 신라
중대 신라는 삼국을 통일하면서부터 혜공왕 때까지인 신라의 최극성기를 말하고 있다. 조각도 이 시기에 가장 발달하게 되는데 양식은 좀더 세분하여 제1기와 제2기로 나눌 수 있다.

제1기 신라가 삼국을 통일하고자 적극 공세를 펴기 시작하는 650년경부터 삼국 통일이 완전히 성취된 때인 700년경까지의 약 반 세기 동안의 조각 양식을 말한다. 이 시기의 조각은 아마도 태종 무열왕의 적극적인 친당 정책(親唐政策)과 깊은 관련을 가지고 있을 것으로 생각된다. 무열왕은 왕이 되기 이전인 648년 당나라에 가서 원병(援兵)을 청하였으며, 653년에 왕위에 오르고 난 뒤부터는 보다 적극적으로 당나라와의 관계를 긴밀히 하여 그들의 원병에 힘입어 660년에는 백제를, 668년에는 고구려를 멸망시켰으며 고구려와 백제의 옛땅에 식민지를 건설하려던 당나라 군을 무력으로 몰아내는 데에도 성공하여 676년에는 명실 상부한 신라 통일 제국을 수립하게 된다. 이 통일 전쟁 기간 동안 당나라와의 긴밀한 관계에 따라 공식 사절이나 의상(義湘) 등 유학 승려들의 귀국과 함께 당나라 양식(唐樣式) 불상들을 활발히 수용하기 시작하였다.

당시 중국 당나라 조각 양식은 인도 굽타(Gupta) 및 성당(盛唐)의 사실주의 양식을 받아들여 신라에서도 새로운 양식의 조각을 조성하기 시작하였다. 당시의 사실주의는 불상이나 기타 불상을 인체나 그 대상 자체와 비슷한 형상으로 만들고 그래서 보다 세련되고 능숙하면서도 육감적이기까지 한 양식이었던 것이다. 이러한 양식은 중대 신라를 연 태종 무열왕릉의 기념비 귀부(龜趺)나 이수(離首)에서 여실히 나타나고 있으며, 김유신 묘(金庾信墓)의 12지상(十二支像)이나 감은사 사리기 사천왕상(感恩寺舍利器四天王像), 사천왕사 소조 신장상(四天王寺塑造神將像), 안압지 출토 금동 삼존상(雁鴨池出土金銅三尊像) 등 일련의 조각 양식에 잘 묘사되고 있다. 이러한 진보적 조각 양식은 경주 지방의 궁정 조각(宮廷彫刻)에서부터 유행하기 시작한다고 본다.

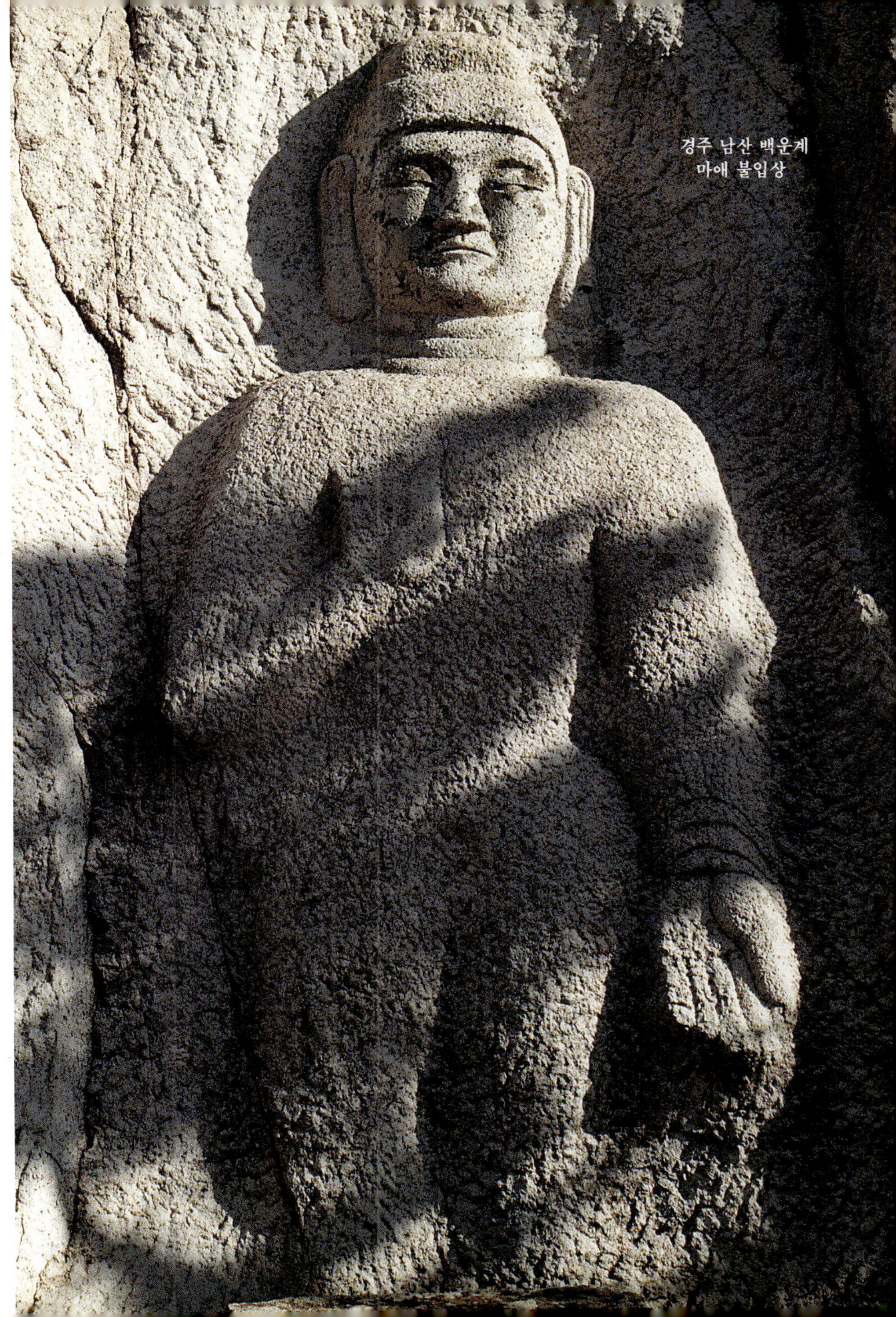

경주 남산 백운계
마애 불입상

한편에서는 이러한 사실주의 조각 계열이 대두되고 있었지만 고구려나 백제 유민들에 의해서 그들의 옛 양식이 재생되기도 하고 신라의 보수주의적 조각가들에 의하여 앞시대의 추상표현주의 특징이 짙게 남아 있는 작품들도 계속 만들어졌으며, 약간 새로운 사실주의 양식을 받아들인 절충 양식의 작품들도 제작하기 시작하였다. 이러한 보수주의적 조각들은 중심지인 경주보다는 지방에서 우세하였던 것으로 생각된다.

67, 71쪽 사진
74쪽 사진

영주 가흥리 마애불(榮州可興里磨崖佛), 봉화 북지리 마애불(奉化北枝里磨崖佛), 경주 선도산 마애불(慶州仙桃山磨崖佛)은 보수적 조각의 대표적인 작품의 예이며, 군위 삼존불(軍威三尊佛)은 절충 양식의 대표작이고, 연기 비상 계열(燕岐碑像系列)은 백제 양식의 재생 예라고 할 수 있다.

이처럼 진보적 사실주의 조각이 대두하는가 하면 보수적 추상표현주의 작품들도 잔존하고 있으며, 이 두 양식의 절충 양식도 만들어지는 등 복잡한 조각 경향들이 혼재하고 있었지만 주요 흐름은 진보적 사실주의 양식이 점차 확대되는 방향으로 나아갔으며, 드디어 700년경부터는 사실주의 조각이 완전히 정착되는 것으로 귀착을 보게 된다. 이 시기는 바로 이렇게 다양한 양식의 혼재와 새로운 조각 양식의 완성으로 지향한 특징있는 시대로 이해하면 좋다. 당대의 조각가로 명성을 떨친 명장(名匠)은 양지(良志)였고 그의 기량과 같이 당대에서는 흙으로 만든 소조 작품들이 즐겨 만들어진 것은 특기할 일이다.

제2기　신라의 황금기로서 대체로 8세기인 성덕왕 때부터 혜공왕 때까지로 잡고 있으며 그 절정기는 경덕왕 때로 알려져 있다. 이 시기는 통일 사업이 일단락되어 영토가 안정되었고 전제 왕권이 확립되었으며 이를 기반으로 국력이 크게 신장되어 당당한 국제적인 왕족으로 성장한 것이다. 이에 따라 신라 문화는 당나라의 국제

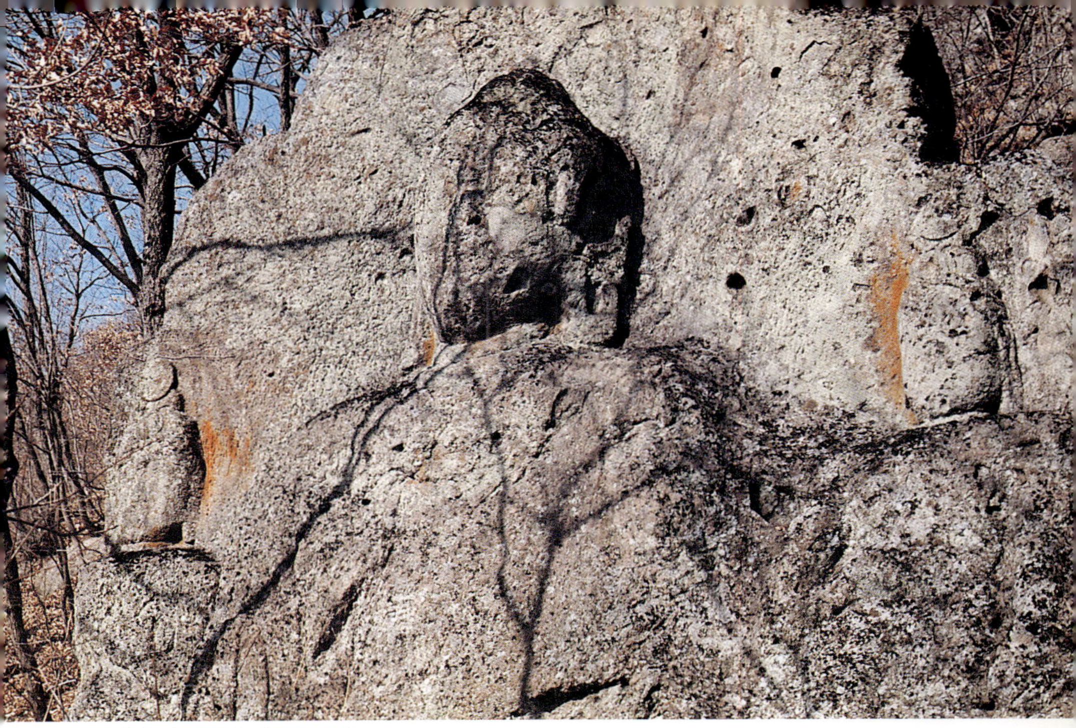

울산 마애 약사 삼존불 좌상

적인 화려한 문화와 서역 내지 인도의 찬란한 문화, 멀리 페르시아 같은 서방의 호화로운 문화 등도 수용하여 국제적인 찬란한 문화를 꽃피우게 된 것이다.

이 극성기의 문화는 본질적으로 불교 문화이다. 당시 신라 사회를 움직이는 원동력은 불교였기 때문이다. 그 불교는 종파적인 특징을 가지고 있었다. 곧 화엄종(華嚴宗), 법상종(法相宗), 신인종(神印宗), 계율종(戒律宗) 같은 여러 종파가 제각기 번성을 자랑하고 있었다. 이들 종파는 불교 가운데 특정한 하나의 경전이나 이론을 중심으로 삼아 다른 경전이나 이론을 포섭하고자 하였기 때문에 당시 전제 왕권의 성격과 일치하여 더욱 번성하게 된다. 이들 종파는 서로 다른 성격의 불교 이론으로 성립되었기 때문에 그들이 예배하는 부처님은 제각기 달랐다. 가령 화엄종에서는 비로자나불(毘盧遮那佛)이나 아미타불(阿彌陀佛)을 숭상, 예배하는가 하면 법상종에서는 미륵존상과 아미타상 등을 예배하는 등 주존불이 각기 달랐으며 시대에 따라서도 이들 종파는 그 주존불을 달리 봉안하는 경우도 있었던 것이다. 따라서 이들 각 종파에서는 서로 다른 주존 불상을 다투어 조성함으로써 불교 조각은 더욱 그 번성을 자랑하게 된다.

당대의 수많은 불상들은 모두 인체의 형태로 이상화시킨 사실주의적 불상을 조성하였는데 세련되고 정치한 기법, 부풀고 탄력적인 부피감, 긴장된 선 등의 사실주의적 작풍이며 심지어 육체적인 굴곡을 그대로 묘사한 일종의 육감주의 또는 관능주의적인 묘사까지도 서슴지 않았던 것이다. 이러한 수법은 보살상이나 천인상에 가장 잘 표현되고 있는데 가령 중국의 경우 보살상이나 천인상은 당대의 최고 미희(美姬)들인 기생들을 모델로 제작하여 시비가 일어났던 예도 있다시피 육체미를 자랑하는 여성적인 매력까지도 표현하고자 하였다.

이러한 사실주의 양식은 성당 양식(盛唐樣式)과 인도 굽타 양식을 기반으로 하여 보다 신라화시킨 것으로 생각되며 당대의 조각들로서 감산사(甘山寺) 불상들, 굴불사(掘佛寺) 불상, 칠불암(七佛庵) 불상, 용장사(茸長寺) 불상, 석굴암 불상 등 우리나라 역사상 최고의 걸작들이 많다.

하대 신라

하대 신라의 조각은 크게 제1기와 제2기의 두 시기로 나누어 볼 수 있다.

제1기 776년에서 850년경까지로 잡을 수 있는데 통일신라는 경덕왕을 고비로 이른바 중대 신라가 사라지고 하대 신라가 등장하게 된다. 곧 하대 신라의 시작은 상대등(上大等) 김양상(金良相)이

776년에 실질적인 권력을 장악한 때부터라고 할 수 있는데 김양상은 결국 780년 왕위에 즉위하여 선덕왕이 되고, 그를 왕위에 오르게 한 김경신(金敬信)이 원성왕이 되면서부터 본격적인 하대 신라가 시작된다. 이들 하대의 왕들은 태종 무열왕계가 아니라 내물왕계로서 율령 체제(律令體制)에 의한 중앙 왕권 강화에 대한 반대파들의 연합 세력에 의하여 추대된 왕들이다. 800년경을 전후하여 약간 안정되었던 사회가 중앙 귀족은 중앙 귀족끼리, 지방 호족은 그들끼리 서로 쟁투하며 때로는 강성한 중앙 귀족이나 지방 호족들이 왕권에 도전하여 이를 탈취하는 등 신라는 내란의 소용돌이에 빠져 들어갔다.

이 시대 조각 작품들로서 연대가 명확한 작품들은 그렇게 많은 편이 아니다. 그러나 방어산 마애불(防禦山磨崖佛), 김유신 묘 12지상(778년), 인양사 비상(仁陽寺碑像, 810년) 등의 예에서 보면 전대 신라 황금기의 불상 양식인 이상화된 사실주의 양식이 일면 상당히 남아 있지만 새로운 경향인 현실적인 또는 도식적인 작품 경향도 새롭게 대두되는 것을 느낄 수 있다.

제2기 이 시기는 850년경부터 900년경까지의 약 50여 년 동안을 말하는데 초기에는 4년 동안(836~840년) 4명의 왕이 교체되던 극도의 혼란이 중앙과 지방 귀족들 사이에 일시적인 휴전이 이루어져 일단 안정을 찾게 된다.

이와 함께 842년 중국 당나라의 대대적인 불교 탄압을 전후하여 대거 귀국한 선종(禪宗) 승려들의 활약과 함께 선종이 일세를 풍미하고, 선종은 이 시대를 주도하는 세력인 지방 호족과 연합하여 신라 문화를 이끌어갔다. 당시의 선종은 기본적으로 화엄종 사상을 바탕으로 하고 있어서 비로자나불을 주존으로 봉안하였기 때문에 당대 불상의 주류는 일단 비로자나불이 차지하게 되고 현재도 비로자나불이 현저하게 많이 남아 있다. 이와 더불어 화엄종도 유행하여

서 비로자나불과 아미타불이 당대 불상을 압도하게 된 것이다. 이들 불상과 함께 쌍벽을 이룬 당대 미술의 현저한 특징은 선종 조사(祖師)들의 잇따른 입적(入寂)에 따라 크게 조성된 승려의 묘탑(墓塔)으로 이른바 부도(浮屠)이다.

당대의 불상들은 당대 선사들을 모델로 조성하였듯 이상적인 면은 후퇴하고 현실적인 특징이 강한 사실주의 양식으로 조성되었는데 이러한 조각에는 장식성, 섬세함 그리고 말기에는 일종의 추상성도 가미되는 특징으로 중대의 신라 불상들과는 현격한 차이를 보여 주고 있다.

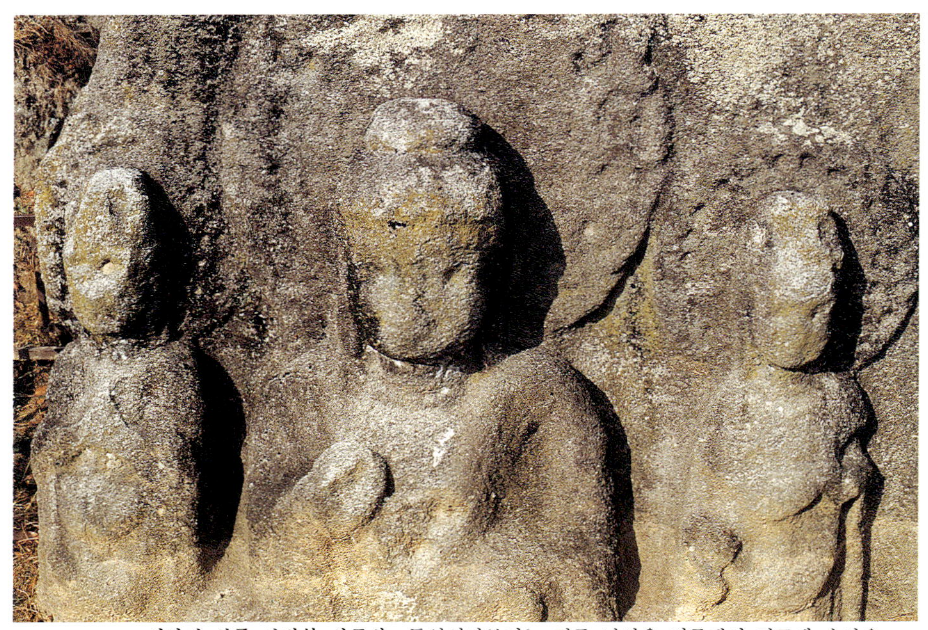

신암리 석주 사방불 삼존상 통일신라부터는 경주 남산을 비롯해서 전국에 수많은 마애불들이 조성되어 가히 마애불의 나라라 일컬어도 좋을 지경이다. 특히 우리나라에는 양질의 화강암 지대가 전국적으로 분포되어 있기 때문에 대부분의 마애불은 화강암에 새겨졌다.

마애불의 현상

앞에서 살펴본 것처럼 통일신라 때는 수도 경주의 남산을 중심으로 선도산, 금강산, 낭산 등지의 절벽에 마애불을 많이 조성했고 태백산, 지리산, 팔공산, 계룡산 등 전국의 명산 대찰에도 많은 마애불이 만들어졌다. 특히 경주 남산은 골짜기마다 절벽마다 그리고 바위마다 불상을 새겨 세계적인 불교 성지로 추앙받고 있다.

중대 신라에는 신라 고토에 주로 많이 조성되었지만 하대 신라에는 점차 확대되어 전국 각지의 모든 곳에까지 마애불이 만들어졌다. 이들 중대 신라와 하대 신라의 마애불은 역시 당대 불상을 대표할 수 있는 걸작으로 평가되고 있어서 통일신라 조각사 연구에 기본 자료로 크게 주목받고 있으며 조각 유파 연구의 절대적 기준치로 각광받기도 한다.

중대 신라

봉화 북지리 마애 불좌상(奉化北枝里磨崖佛坐像)　경상북도 봉화 군 물야면 북지리 산록 끝의 절벽에 있는 높이 4미터의 거대한 신라 마애 불좌상이다(국보 제201호). 화강암으로 된 암산을 파서 거대한 감실형 석실을 파고 원각에 가까운 커다란 불좌상을 고부조로 새긴 것이나 현재 감실 윗부분이 떨어져 나갔고, 불상 자체도 다소 파괴되고 풍화까지 된 상태이다. 감실형 광배에는 화불이 배치되었는데 일부가 깨어졌고 불상 좌우에 공간이 있어서 협시보살이 안치되었을 가능성이 있다. 얼굴은 넓고 큼직하며 양감이 두드러지게 나타나지만 풍화 때문에 원모습이 조금 손상되었다. 그러나 고졸한 미소가 전면에 나타나 있어서 박진감 있는 모습을 보여 주고 있다. 어깨는 움츠린 듯하지만 체구는 당당한 편이며, 불(佛)의 위엄이 잘 나타나 있다. 통견의 대의는 가슴 등이 손상되어 불확실한 면도

66, 67쪽 사진

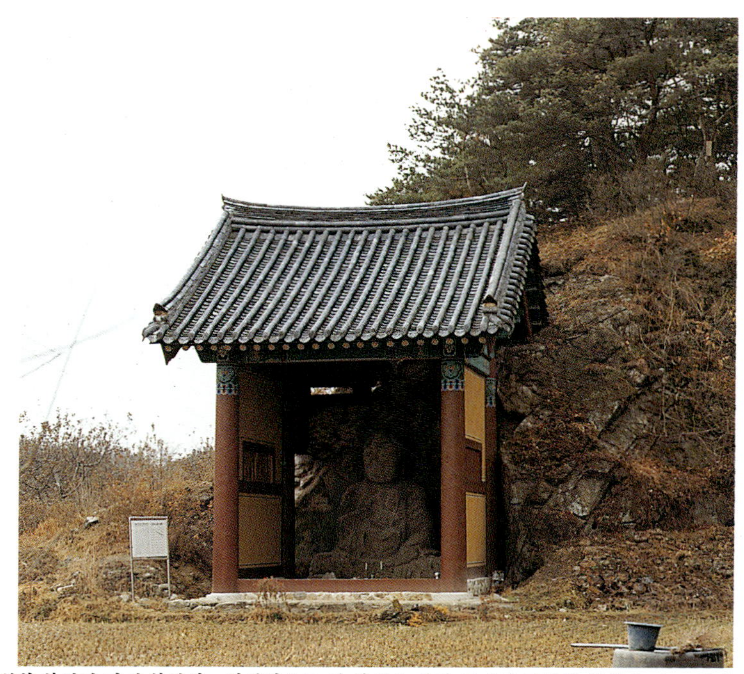

봉화 북지리 마애 불좌상   화강암으로 된 암산을 파서 거대한 감실형 석실을 파고 원각에 가까운 커다란 불좌상을 고부조로 새긴 것이나 현재 감실의 윗부분이 떨어져 나갔고 불상 자체도 다소 파괴되고 풍화까지 된 상태이다. 감실형 광배에는 화불이 배치되었는데 일부가 깨어졌고 불상 좌우에 공간이 있어서 협시보살이 안치되었을 가능성이 있다.(위, 옆면)

있지만 장중한 특징을 보여 주고 있으며 옷자락은 대좌를 덮어내려 상현좌를 이루고 있는데 역시 고식을 보여 주고 있다.

이러한 여러 특징은 익산 연동리 석불 좌상을 연상시켜 주고 있으며 이런 특징이 더 진전되면 영주 가흥리 석불로 이행될 것이다. 그러므로 이 마애 불상은 7세기 전반기의 고신라 불상일 가능성이 많지만 제작 연대는 7세기 후반인 고신라 말, 통일신라 초기로 추정되고 있다.

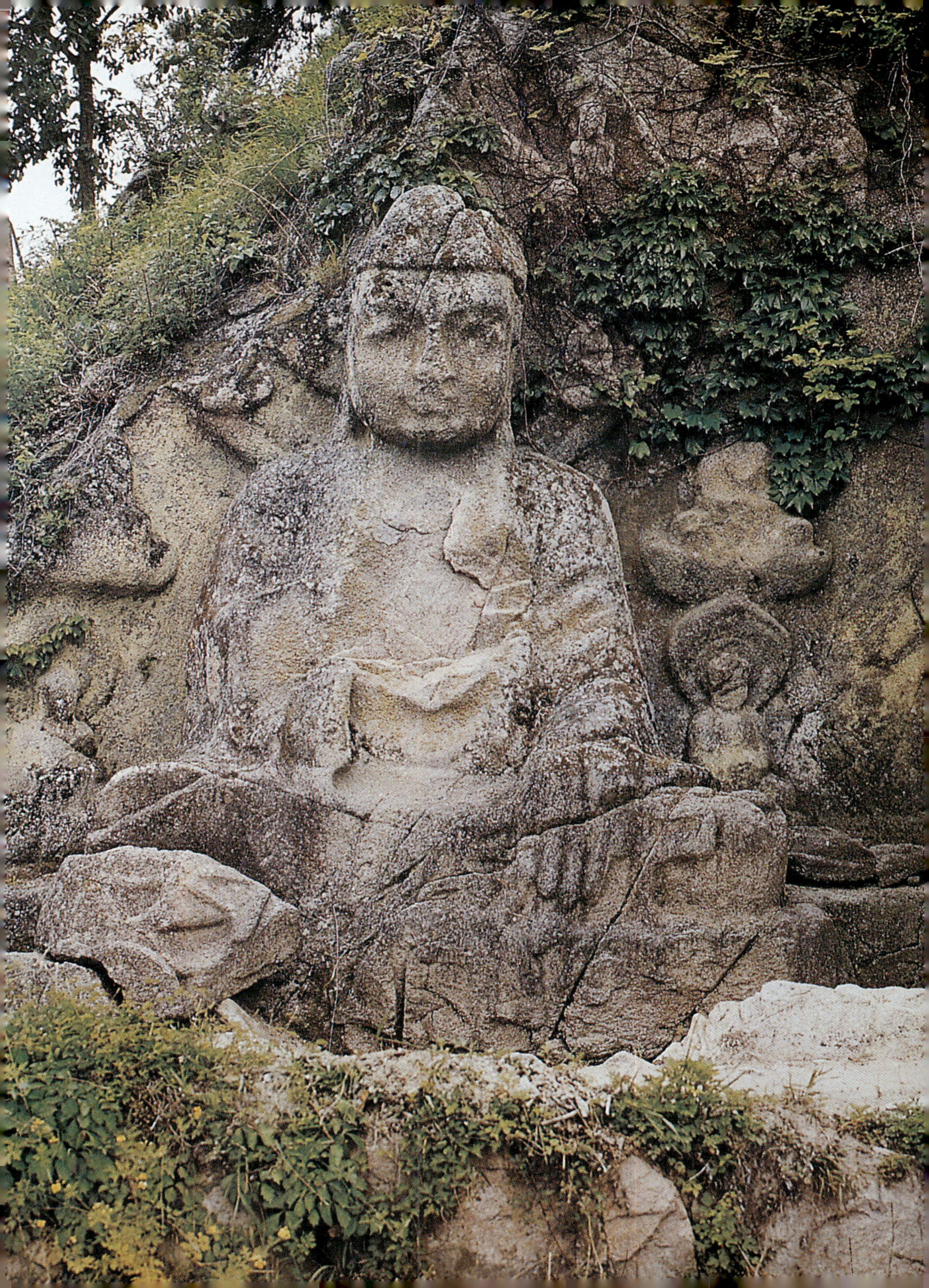

영주 가흥리 마애 삼존 불상(榮州可興里磨崖三尊佛像)　경상북도 영주시 가흥동 강가 야산의 절벽에 있는 신라시대 마애 삼존 불상과 여러 가지 불상, 설화 조각 등이 새겨진 조각군이다(보물 제221호). 커다란 삼각형의 화강암벽을 쪼아서 만든 가운데 넓은 면에는 좌상의 본존을 조각하고 좌우로 입상의 협시보살을 새겨 넣었는데, 삼각형의 바위를 적절히 이용하여 안정감 있는 구도를 이루고 있다.

조각 수법은 고부조로 거의 원각에 가깝게 처리하고 있는데 이같은 수법은 인접한 봉화 북지리 마애 불좌상에서도 볼 수 있다. 사각형에 가까운 본존의 얼굴은 팽팽한 뺨, 큼직하고 듬직한 코, 꽉 다문 입 등으로 장중하면서도 활력이 넘치고 있으며 소발의 머리 위에는 큼직한 육계가 표현되었는데 두 눈은 모두 손상되었다. 얼굴에 나타나는 이와 같은 활력은 신체에서도 그대로 적용되어 약간 움츠린 듯한 어깨나 양감을 나타내지 않은 체구, 결가부좌한 넓고 긴장된 무릎 등에서도 건장한 힘을 느낄 수 있다. 또 가슴은 넓고 당당하며 시무외인, 여원인의 손 모양은 퍽 자연스럽다. 불상 전체에서 느껴지는 장중한 힘은 통견으로 입은 법의에서도 나타난다. 곧 양 어깨를 감싸고 있는 통견의 법의는 앞가슴이 U자형으로 터졌고 양 손목을 감싸고 흘러내리는 옷주름 역시 묵직하게 처리되어 한층 더 강한 힘을 느끼게 한다.

광배는 원형 두광으로 가운데 복판 연화문(複瓣蓮華文)을 두르고 두광과의 사이에는 연꽃 무늬와 5구의 화불을 배치하였다. 그리고 두광 밖에는 넓게 화염문을 조각하였는데 가늘면서도 힘있게 조각되어 위로 상승하는 기운이 잘 표현되어 있다. 이러한 탄력있고 긴장된 선은 복판 연화문의 앙련 대좌에서도 나타난다. 한편 본존의 선과 형태에서 나타나고 있는 장중한 모습은 좌우의 협시보살에게도 적용되고 있다. 오른쪽 보살상은 원형 두광을 지니고 두 손은 가슴 앞에서 합장을 한 채 정면을 바라보고 있는데 약간 짧아진

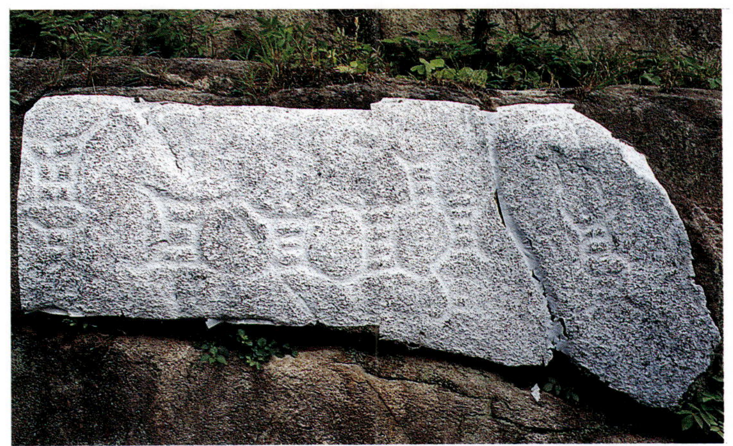

영주 가흥리 마애 삼존 불상 조각군　삼존불 주위로 여러 구의 작은 불상들이 새겨져 있고 옆 바위에는 경변상도 내지 불전 설화 조각으로 생각되는 마애 조각도 보인다.

듯하면서도 당당한 신체이다. 또 천의는 배 부근에서 X자로 교차되었다. 왼쪽 보살상은 한 손은 어깨까지 들어올리고 다른 한 손은 가슴에 대고 있지만 신체 형태나 선은 오른쪽 보살상과 비슷하다. 어깨를 감싼 천의는 오른쪽 어깨에서 왼쪽 허리 쪽으로 부드러운 U자형의 주름을 이루면서 흘러내리고 있는데 의문선이 분명하고 묵직하게 처리되어 있다. 이 보살상은 오른쪽으로 몸을 약간 비틀고 있다.

　이상 살펴본 것처럼 가흥리 마애 삼존상은 형태와 선에서 장중하고 활력있는 모습을 보여 주고 있어서 양식적으로는 삼국시대 양식을 따르고 있으면서 8세기 초의 양식으로 발전해 가는 과도기적인 특징을 보여 주고 있다. 이 삼존불 주위로 여러 구의 작은 불상들이 새겨져 있고 옆 바위에는 경변상도 내지 불전 설화 조각으로 생각되는 마애 조각도 보인다. 이것은 선사 암벽 조각으로 생각하기도 하지만 현재 성격으로 보면 불교 조각에 가까운 것으로 평가된다.

영주 가흥리 마애 삼존 불상 커다란 삼각
형의 화강암벽을 쪼아서 만든 가운데
넓은 면에는 좌상의 본존을 조각하고
좌우로 입상의 협시보살을 새겨 넣었는
데 삼각형의 바위를 적절히 이용하여
안정감 있는 구도를 이루고 있다. 조각
수법은 고부조로 거의 원각에 가깝게
처리하고 있는데 이같은 수법은 인접한
봉화 북지리 마애 불좌상에서도 볼 수
있다.

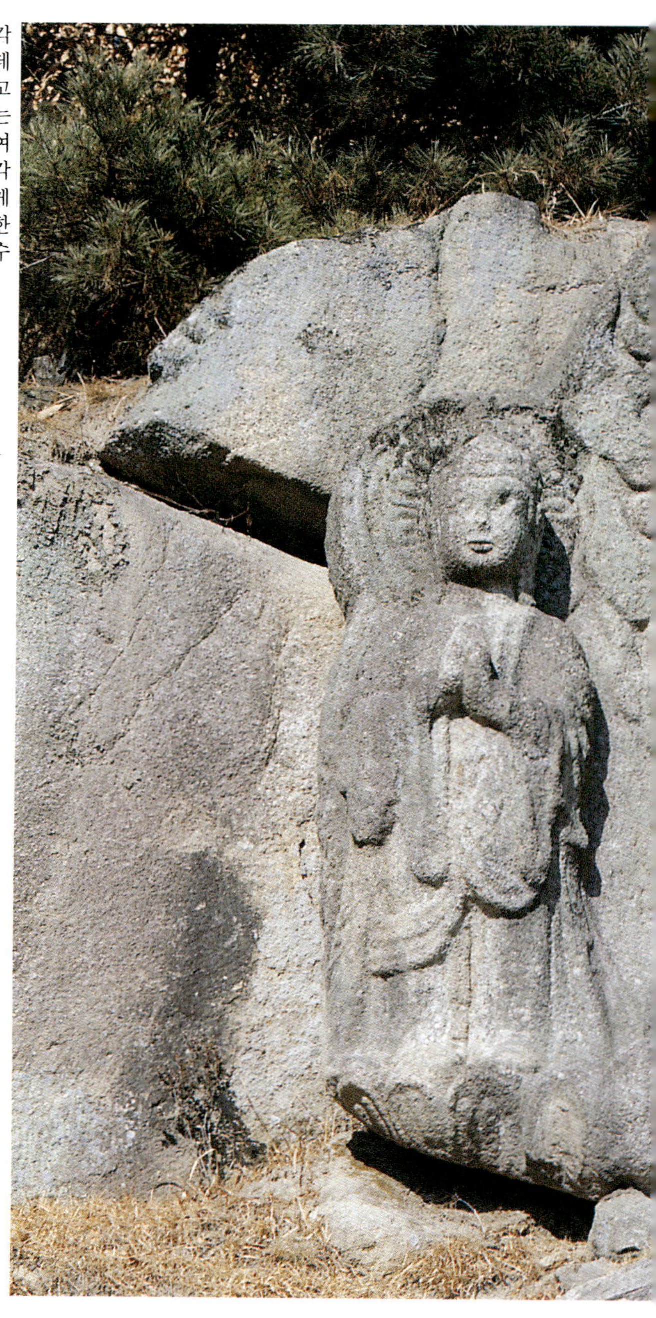

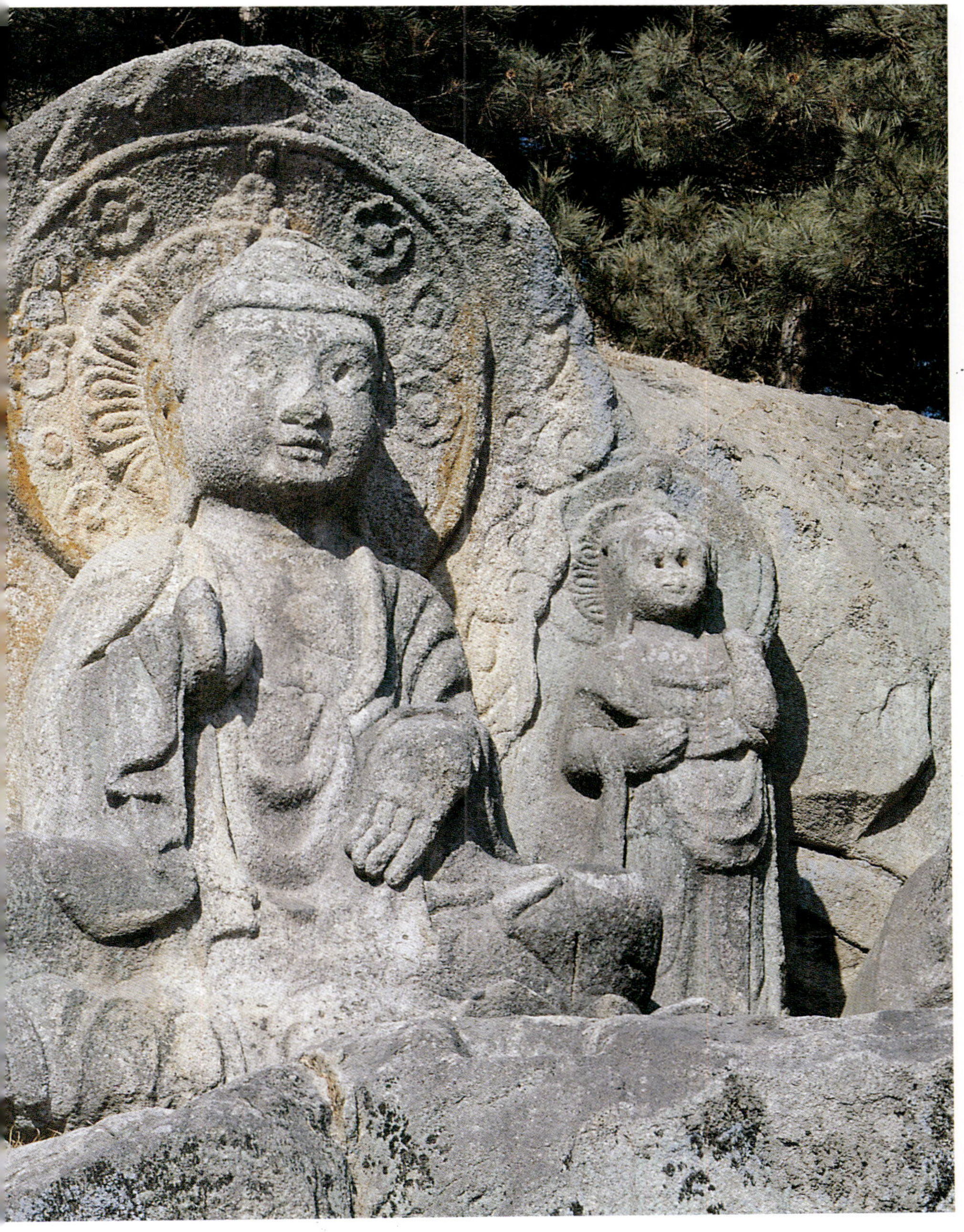

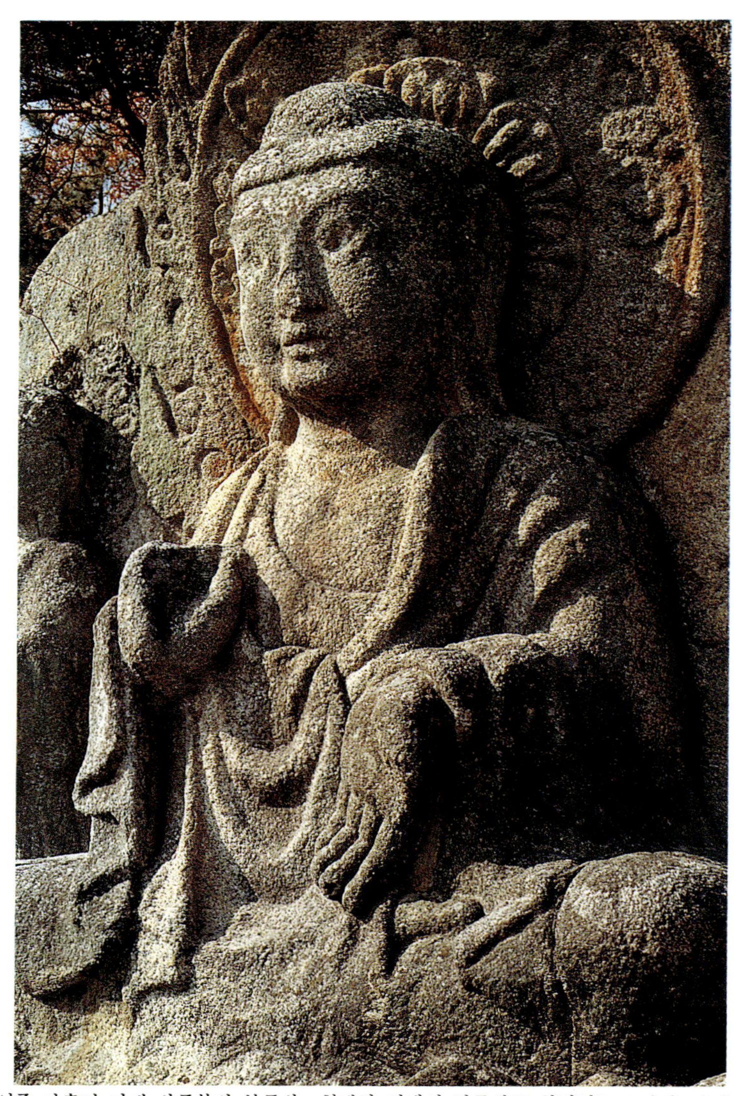

영주 가흥리 마애 삼존불의 본존상　형태와 선에서 장중하고 활력있는 모습을 보여 주고 있어서 양식적으로는 삼국시대 양식을 따르고 있으면서 8세기 초의 양식으로 발전해 가는 과도기적인 특징을 보여 주고 있다.

경상북도 경주시 서악동 선도산 정상에 있는 거대한 암벽에 새겨진 통일신라시대의 마애 삼존 불상이다. 높이는 본존 6.85미터, 오른쪽 협시보살 4.62미터, 왼쪽 협시보살 4.55미터인데 돌출된 암면에 거대한 본존을 조각하고, 좌우의 협시보살은 별도로 원각하여 배치한 특이한 마애 불상이다(보물 제62호).

본존은 암벽의 파손 때문에 머리와 신체 각 부분이 많이 파손되었는데 특히 얼굴의 손상이 심하여 눈 이상의 얼굴과 머리는 모두 탈락해 버렸다. 코는 큼직하며 입은 꽉 다물었고 턱은 날카로워 박력있는 윤곽과 함께 힘이 충만한데 고졸한 미소가 남아 있다. 목은 긴 편으로 삼도가 잘 나타나지 않았으며 목에서 내려온 어깨선은 둥글어 단석산 신선사 마애 불상과 비슷하지만, 어깨를 움츠린 것은 군위 삼존 석굴의 본존과 유사하다. 신체는 장대한 체구로 양감이 거의 없이 그냥 원통형으로 되어 있는데 시무외인, 여원인의 수인과 함께 부처의 위엄과 힘을 나타나고 있다. 법의는 통견으로 가슴 부근에서 탈락이 심하여 확실한 의문(衣紋)은 알 수 없지만 U자형의 옷주름이 가슴 부근부터 성글게 표현되고 있다.

협시보살은 몇 개의 조각으로 파괴되어 아래 계곡에 굴러 있던 것을 최근에 복원한 것이다. 왼쪽 협시보살은 대좌까지 모두 4개로 분리되어 있던 것으로 머리 부분은 목까지 남아 있는데 머리에는 중앙에 화불이 조각된 삼산(三山) 보관을 쓰고 있다. 얼굴은 갸름하며 윤곽선이 부드럽고 적당히 살이 쪄서 복스럽고 우아한 얼굴이다. 눈은 가늘고 코는 큼직하고 시원스러우며 입술은 살짝 다물었는데 은은한 미소가 감돌고 있다. 신체는 본존불에 비해 훨씬 섬세하고 부드러운 편으로 상체는 굴곡도 잘 나타나 있다. 왼손은 내려서 정병을 잡고 있으며 오른손은 가슴에 들어 손바닥을 보이고 있는데 이 인상(印相)과 보관의 화불로 보아 관음보살로 추정된다. 양팔에

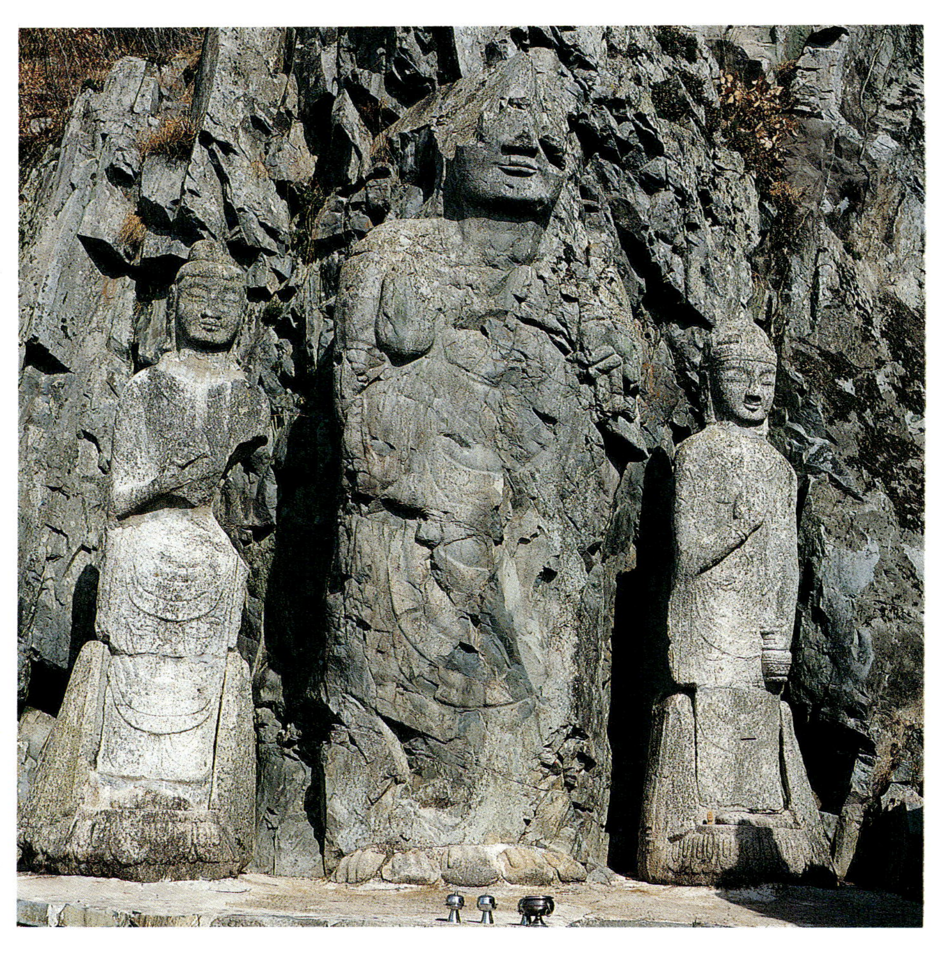

경주 서악 선도산 마애 삼존 불상　높이는 본존 6.85미터, 오른쪽 협시보살 4.62미터, 왼쪽 협시보살 4.55미터인데 돌출된 암면에 거대한 본존을 조각하고 좌우의 협시보살은 별도로 원각하여 배치한 특이한 마애 불상이다.

는 천의가 휘감겨 있으며, 여기서 너려온 3단의 옷주름이 다리 상단과 하단에 각각 걸치고 있어 군우 삼존 석굴의 관음상보다 훨씬 아래로 내려졌다. 대좌는 원통형의 돌을 앞부분만 파서 여기에 몸의 무릎 이상까지 낄 수 있도록 한 특수한 것이다. 표면에는 의문을 표현하고 발 아래는 복판 연화문을 복련으로 조각하였다. 오른쪽 협시보살은 5개의 조각으로 절단된 것으로서 현재는 왼쪽 팔이 떨어져 나갔다. 왼쪽 보살보다 훨씬 파괴가 심하나 전체 높이는 비슷하다. 얼굴은 왼쪽 보살과 비슷하지만 직사각형에 가까운 데다 눈도 바로 뜨는 등 보다 남성적인 기풍이 보인다. 목에는 삼도가 뚜렷하며 코끝이 약간 마멸되었다. 신체도 왼쪽 보살과 거의 같으며 목걸이, 옷주름도 비슷한데 관음보살인 왼쪽 보살에 대해 대세지보살로 추정된다.

이 마애 삼존 불상은 양식적인 면에서 볼 때 통일신라 초기(7세기 후반~8세기 초)에 제작된 작품으로 추정된다. 형태면에서는 기념비적인 양감을 느낄 수가 있는데 원통형의 체구라든가 움츠린 어깨 등은 군위 삼존 석굴의 본존과 흡사하며 봉화 북지리 마애 여래 좌상의 본존과도 비슷하다. 또한 선의 표현에서 본존의 각선(刻線)이 명확하고 힘있게 표현되었으며 법의의 U자형 옷주름선은 경주 배리 석불 입상의 옷자락처럼 장중하고 묵직하게 처리되었다. 그 밖에 보살의 천의 주름은 군위 삼존 석굴 보살상의 천의와 비슷한 부드러우면서도 생경한 모습을 보여 주고 있다.

이러한 점에서 볼 때 이 석불상은 단석산 신선사 마애 불상과 친연성을 가지면서 봉화 북지리 마애 여래 좌상, 군위 삼존 석굴의 불상 수법이 나타나고 경주 배리 석불 입상과도 작풍을 같이하는 통일신라 초기의 작품이라고 추정된다.

경주 남산 칠불암 마애 석불(慶州南山七佛庵磨崖石佛) 경상북도 경주시 남산에 위치한 칠불암 옆 바위와 석주에 새겨진 불상이다.

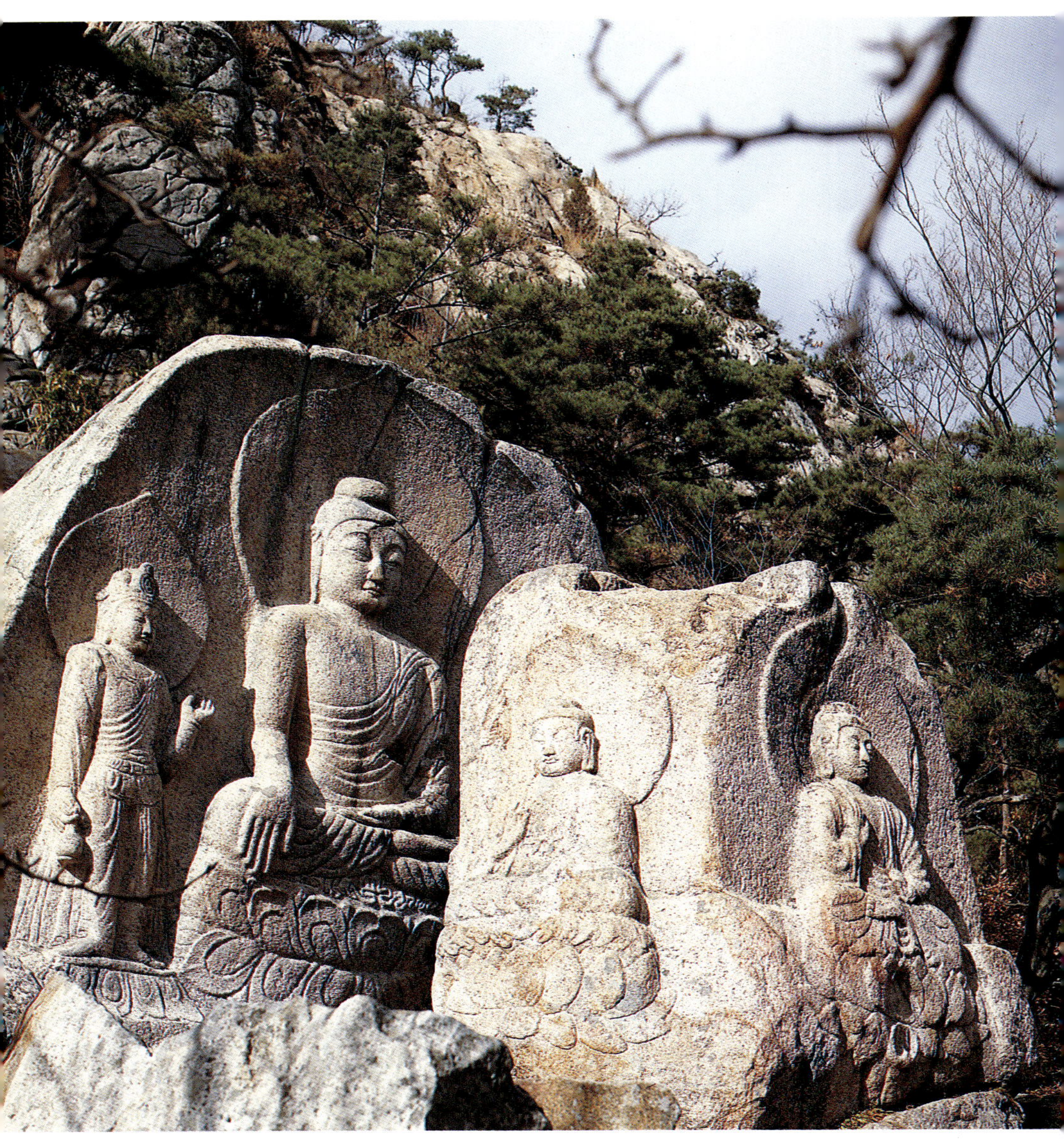

76 통일신라시대 마애불

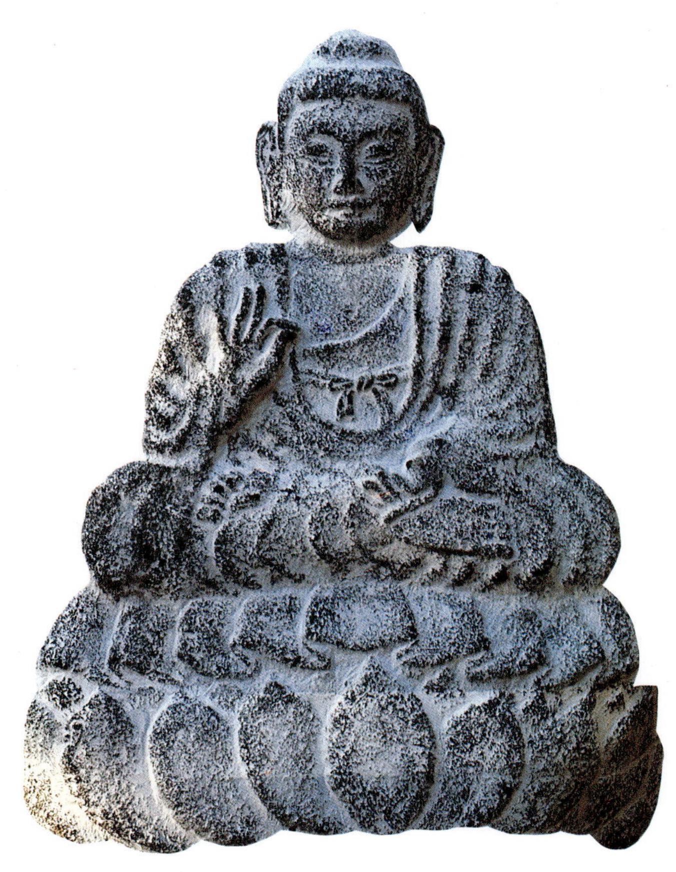

경주 남산 칠불암 마애 석불 바위면에 부조한 삼존 불상과 그 앞의 돌기둥에 부조한
4구의 불상 등 모두 7구의 불상이 새겨져 있어서 칠불암으로 부르고 있는데 유구의
상대로 보아 원래는 석경(石經)을 벽면에 세운 일종의 석굴 사원이었을 가능성이
있다. 옆면은 칠불암 전경, 위는 돌기둥의 남면 불상을 탁본한 것이다.

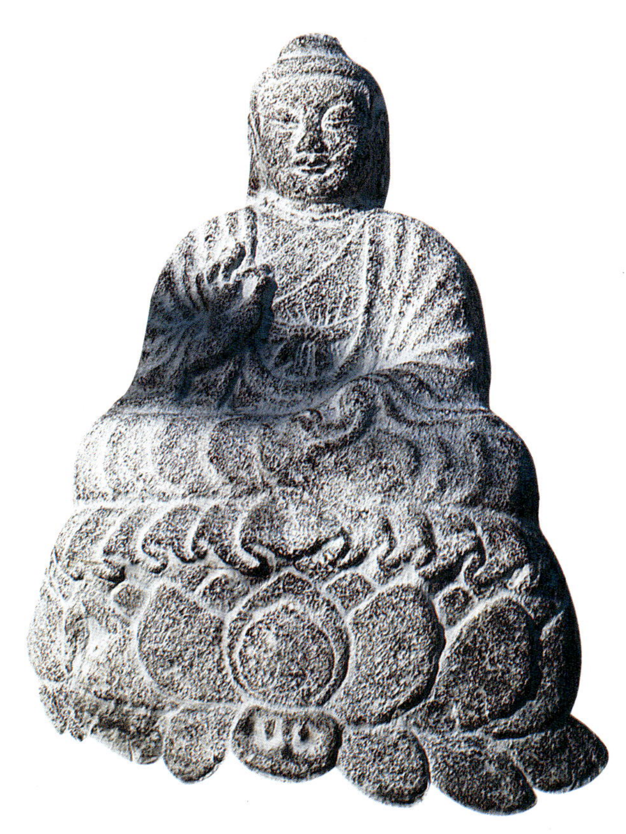

경주 남산 칠불암 석주 서면상　서면상은 동면상과, 북면상은 남면상과 서로 비슷하다. 이들 석주의 불상 명칭을 확실히 말하기는 어려우나 방위와 수인, 인계(印契)에 의해 볼 때 동면상은 약사여래, 서면상은 아미타여래로 볼 수 있다.

통일신라시대의 마애 불상군으로(보물 제200호) 바위면에 부조한 삼존 불상과 그 앞의 돌기둥에 부조한 4구의 불상 등 모두 7구의 불상이 새겨져 있어서 칠불암으로 부르고 있는데 유구의 상태로 보아 원래는 석경(石經)을 벽면에 세운 일종의 석굴 사원이었을 가능성이 있다.

삼존 불상은 426센티미터 높이의 바위면에 꽉 차게 부조한 마애 76쪽 사진
불로서 거의 환조에 가까운 고부조로 되어 있다. 본존은 높이가 260센티미터나 되는 거대한 좌상이며, 두 협시보살도 210센티미터로 인체보다 훨씬 장대하다. 본존은 머리가 둥글고 큰데 소발에 큼직한 육계가 솟아 있다. 사각형에 가까운 얼굴은 풍만하여 박진감이 넘치며 부풀고 곡선적인 처리로 자비로운 표정을 띠고 있다. 곧 부풀고 두껍게 처리한 눈두덩이라든가 쌍꺼풀진 오른쪽 눈, 부드러우면서도 양감있게 처리한 코, 서련된 입, 어깨까지 닿은 긴 귀 등 자비롭고 원만한 불안(佛顔)을 성공적으로 묘사하였다.

목에는 삼도가 없으며 어깨는 넓고 강건하여 건장한 가슴, 가는 허리와 더불어 당당하며 박진감 넘치는 모습이 잘 표현되어 있다. 수인은 항마촉지인(降魔觸地印)으로 두 손이 유난히 큼직하다. 법의는 우견편단(右肩偏袒)인데 상체의 옷주름은 곡선적인 계단식 주름이며 옷깃이 반전(反轉)되었다. 하체의 옷주름은 큼직한 선으로 처리되었는데 두 다리 밑으로 흘러내린 옷자락은 규칙적인 지그재그 무늬를 이루고 있는 것이 특징이다. 대좌는 앙련과 복련의 2중 연화좌로서 단판 7엽(單瓣七葉)은 잎들 사이의 잎에 중간 선을 그은 특이한 형태로서 9세기에 나타나는 독특한 연화문의 조형(祖形)으로 주목된다. 광배는 보주형의 소박한 무늬를 두드러지게 표현하였다. 협시보살은 좌우 모두 동일한 도습에 비슷한 양식을 나타내고 있는데 풍만한 얼굴, 벌어진 어깨, 당당한 가슴, 육감적인 체구, 유연한 삼곡(三曲) 자세 등이 사실적으로 묘사되었다. 왼쪽 보살상은

꽃을 들고 있고 오른쪽 보살상은 정병(浄瓶)을 들고 있으며 모두 본존 쪽을 향해 몸을 약간 비틀고 있다.

이 삼존불 앞의 돌기둥에 새겨진 사방불은 높이가 223센티미터 내지 242센티미터 정도로 바위 모양에 따라 크기를 달리하고 있는데, 네 상 모두 연화좌에 보주형 두광을 갖추고 결가부좌하였다. 동면상은 본존불과 동일한 양식으로 통견의 법의가 약간 둔중하나 신체의 윤곽이 뚜렷이 표현되고 있다. 왼손에는 약합(薬盒)을 들고 있어서 약사여래로 생각된다. 남면상은 여러 면에서 동면상과 비슷하나 가슴에 표현된 군의(裙衣)의 띠매듭은 새로운 형식에 속하며 무릎 위의 옷주름, 짧은 상현좌(裳懸座)의 옷주름이 상당히 도식화되었다. 서면상은 동면상과, 북면상은 남면상과 서로 비슷하나 북면상은 다른 세 불상과 달리 특히 얼굴이 작고 갸름하여 수척한 인상을 주는 것이 특징이다. 이 네 상의 명칭을 확실히 말하기는 어려우나 방위(方位)와 수인, 인계(印契)에 의해 볼 때 일단 동면상은 약사여래, 서면상은 아미타여래로 볼 수 있다.

이 불상군의 성격은 사방석주 각 면에 한 불상씩 사방불을 새기고 그 앞의 바위에는 삼존불을 새겨 삼존불이 중앙 본존불적인 성격을 띤 오방불(五方佛)로서의 배치 형식을 하고 있다.

양식적으로는 풍만한 얼굴 모습, 양감이 풍부한 사실적인 신체 표현, 협시보살들의 유연한 삼곡 자세 등, 경주 남산 삼릉계 석불 좌상(보물 제666호)이나 석굴암 본존불 좌상(국보 제24호), 굴불사지 석불상(보물 제121호) 등의 불상 양식과 상통하고 있는 것으로 보아 이 불상군의 조성 연대는 통일신라시대 최성기인 8세기 중엽으로 추정된다.

경주 남산 용장사지 마애 불좌상(慶州南山茸長寺址磨崖佛坐像)

경상북도 경주시 남산의 용장사지에 있는 미륵 장륙존상의 바로 옆 절벽에 새겨진 통일신라시대의 마애 불좌상이다(보물 제913호).

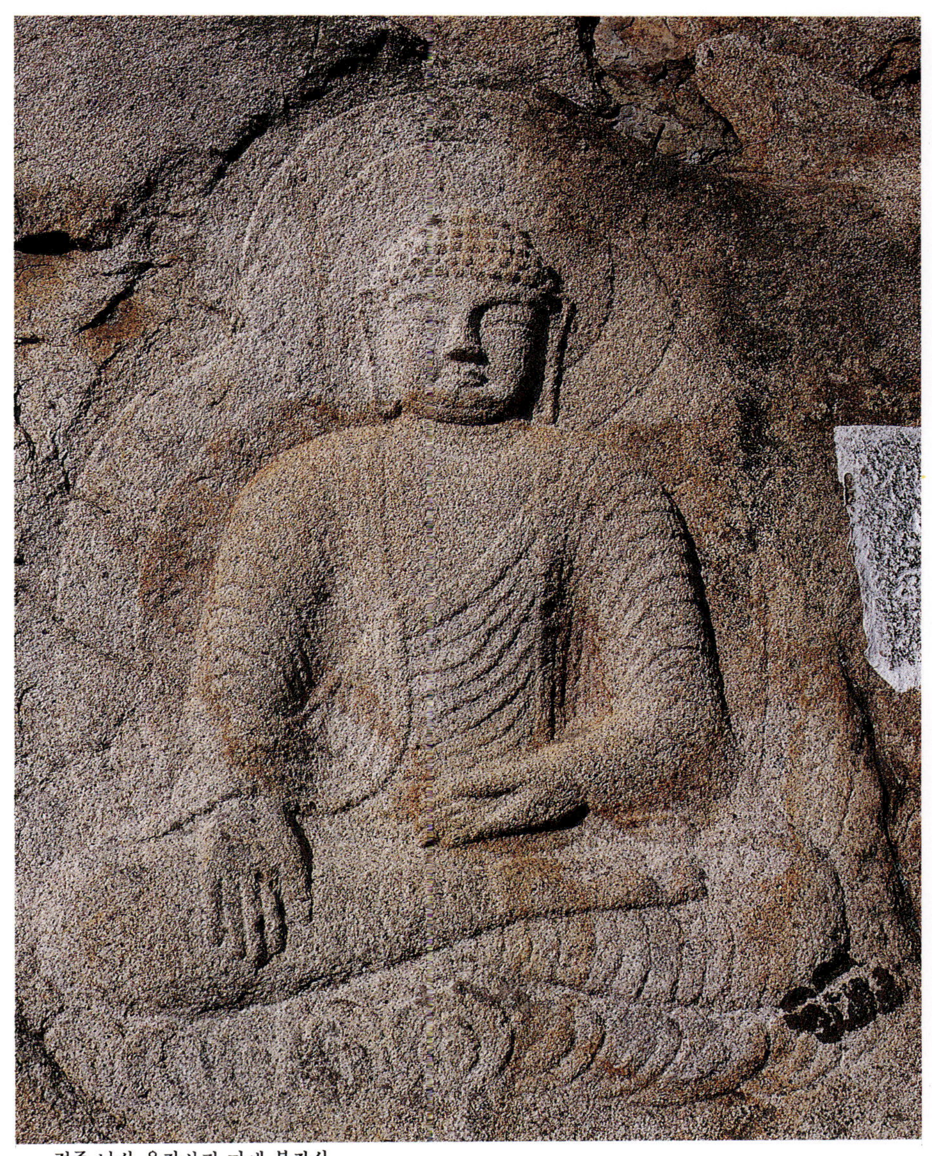

경주 남산 용장사지 마애 불좌상

높이 1.62미터로 지상에서 높지 않은 암면에 새겨졌고 광배, 대좌를 갖추고 있다.

불상 머리 모양은 나발(螺髮)이고 육계의 표시는 분명하지 않다. 얼굴은 비만형이라고는 할 수 없지만 볼을 두껍게 하고 턱에 군살을 묘사하는 등 비교적 풍만한 편이다. 입은 꽉 다물어 입 양끝이 쑥 들어갔으며 코는 크고 긴 편인데 코에서 계속 올라가 반달같이 휘어진 선이 눈썹을 이루고 있다. 눈은 바로 뜬 편이며 눈썹과 더불어 음각선으로 길게 묘사하고 있지만 약간 둥글게 표현하였으므로 볼록한 볼과 입 양끝의 보조개 같은 묘사와 함께 얼굴 전체를 미소짓게 하고 있다. 목은 삼도가 있지만 밭은 편이고 어깨는 둥글면서도 활기차며 가슴은 당당하면서도 힘을 느끼게 하고 있어서 전신에서 긴장감을 느낄 수 있다. 오른손은 무릎 위에 얹어 손끝을 아래로 내렸으며 왼손은 다리 위에 올린 항마촉지인으로 비교적 섬세하게 표현하고 있다. 앉은 자세는 결가부좌로 오른쪽 발만 보이는 길상좌의 자세이다. 불의(佛衣)는 통견의로서 매우 얇게 빚은 듯한 의습인데 옷주름선들을 일정하게 평행시킨 평행 밀집의 옷주름이다. 이런 의문은 9세기 후기 불상에 흔히 나타나고 있지만 9세기의 도식적인 의문과는 달리 세련되고 유려하다.

착의법은 통견으로 걸친 대의가 가슴 중심을 드러낸 채 왼쪽 어깨에서 오른쪽 가슴 아래로 내려진 옷깃에 오른쪽 어깨에서 내려진 옷자락이 일단 들어갔다가 다시 옷깃 위로 올라와 팔목 뒤로 돌아가고 있는 특이한 형태이다. 광배는 두광과 신광을 각각 두 줄의 음각선으로 표현하고 있는데 외광은 보이지 않는다. 대좌는 무릎 밑에다 위로 향한 연화문을 길게 새기고 있다. 중앙에 있는 연화문은 제일 크게 똑바로 세웠으며 좌우의 것들은 뿌리를 중심으로 향하게 하여 기교화시키고 있다.

이 불상은 긴장되고 활력에 찬 형태와 유려하고 세련된 선의 흐름, 깔끔한 부조의 아름다움 등 8세기 중엽의 난숙한 사실주의 불상을 잘 보여 주고 있는 대표작이다. 얼굴 형태는 감산사 석조 아미타불 입상이나 남산 미륵곡의 보리사 석불 좌상과도 서로 통하며 특히 얼굴이나 체구, 의문 등에서 굽타기의 마투라불들과 친연성이 강한 독특한 불상이어서 굽타불의 수용 문제를 해결할 수 있는 귀중한 자료이기도 하다.

하대 신라

용봉사 마애 불입상(龍鳳寺磨崖佛立像)　충청남도 홍성군 용봉산 용봉사 입구의 바위면에 새겨진 통일신라시대(799년 작)의 마애 불입상이다.

거대한 절벽의 바위면이 세모꼴로 떨어져 나간 곳에 감실형으로 쪼아 부조를 새긴 불상이다. 오른쪽 어깨 옆의 바위면에 3행 31자의 불상 조성기(佛像造成記)가 새겨져 있다. 230센티미터(현재 높이 210센티미터) 정도나 되는 거구의 이 불상은 머리 부분을 두드러지게 부조한 반면 하체로 내려가면서 얕게 도드라지게 새겼으며, 얼굴이 큰 데 비하여 손이 유난히 작고 눈이 가늘면서 입 주위를 움푹 들어가게 하여 파격적인 미소를 띤 얼굴을 표현하였다. 그러나 발목 부분의 표현이 불분명하여지는 등 우열의 수법이 공존하는 독특한 조각이다.

머리 정상부는 선각으로 구획한 육계가 솟았는데 큼직한 팽이형으로 이 육계와 머리는 선으로 구별짓고 있을 뿐이며 머리칼은 소발이다. 얼굴은 긴 타원형으로 꽤 풍만한 편이며 눈을 가늘게 뜨고 입 좌우를 들어가게 하여 만면한 미소를 표현하였다. 눈썹은 반달형으로 코는 좁고 오똑한 편이며 입은 폭이 좁고 작아서 인상적이다. 이 입은 코끝에서 턱을 이루면서 반달 같은 보조개를 이룬 표정과 함께 미소를 띠게 하였고, 눈을 가늘게 만들어 눈웃음을 짓게 한

85쪽 사진

84쪽 사진

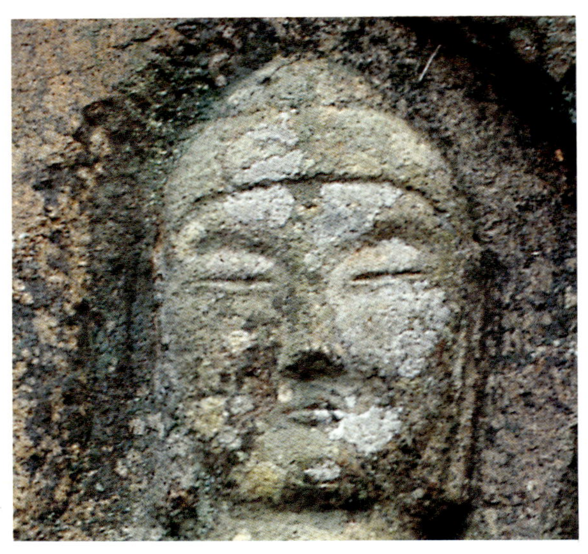

용봉사 마애 불입상 거대한 절벽의 바위면이 세모꼴로 떨어져 나간 곳에 감실형으로 쪼아 부조를 새긴 불상이다. 230센티미터 정도나 되는 거구의 이 불상은 머리 부분을 두드러지게 부조한 반면 하체로 내려가면서 얕게 도드라지게 새겼으며, 얼굴이 큰 데 비하여 손이 유난히 작고 눈이 가늘면서 입 주위를 움푹 들어가게 하여 파격적인 미소를 띤 얼굴을 표현하였다.(위, 옆면)

표현과 더불어 파격적으로 미소짓는 불안(佛顔)을 이루게 함으로써 통일신라시대 불상의 특징을 보여 주고 있다.

　신체는 원통형인데 어깨는 비교적 자연스럽고 가슴은 양감없이 밋밋하게 표현되었으며 하체의 처리 또한 상체와 비슷하여 두 다리는 굴곡을 거의 찾아볼 수 없다. 현재 무릎 이하 하반신의 표현이 불분명하고 발은 나타내지 않았다. 다만 별석(別石)의 돌에 발을 새겨 끼워 놓았던 것으로 아무렇게나 놓여 있었던 것을 앞에다 옮겨 놓았다. 별석의 발을 표현하는 수법의 예는 용봉사를 지나면 산의 정상에 자리하고 있는 홍성 신경리 마애 석불(洪城新耕里磨崖石佛,

86쪽 사진

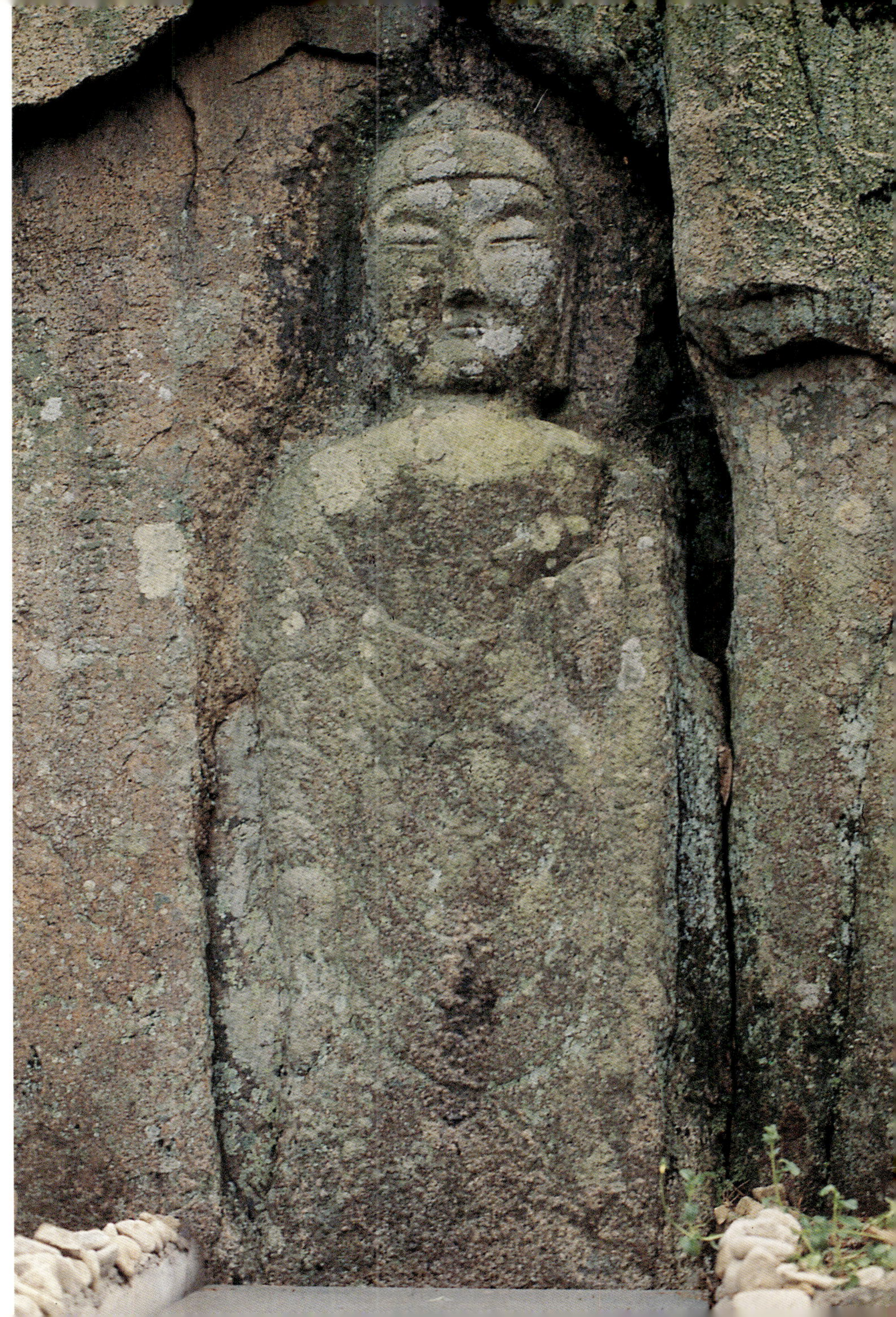

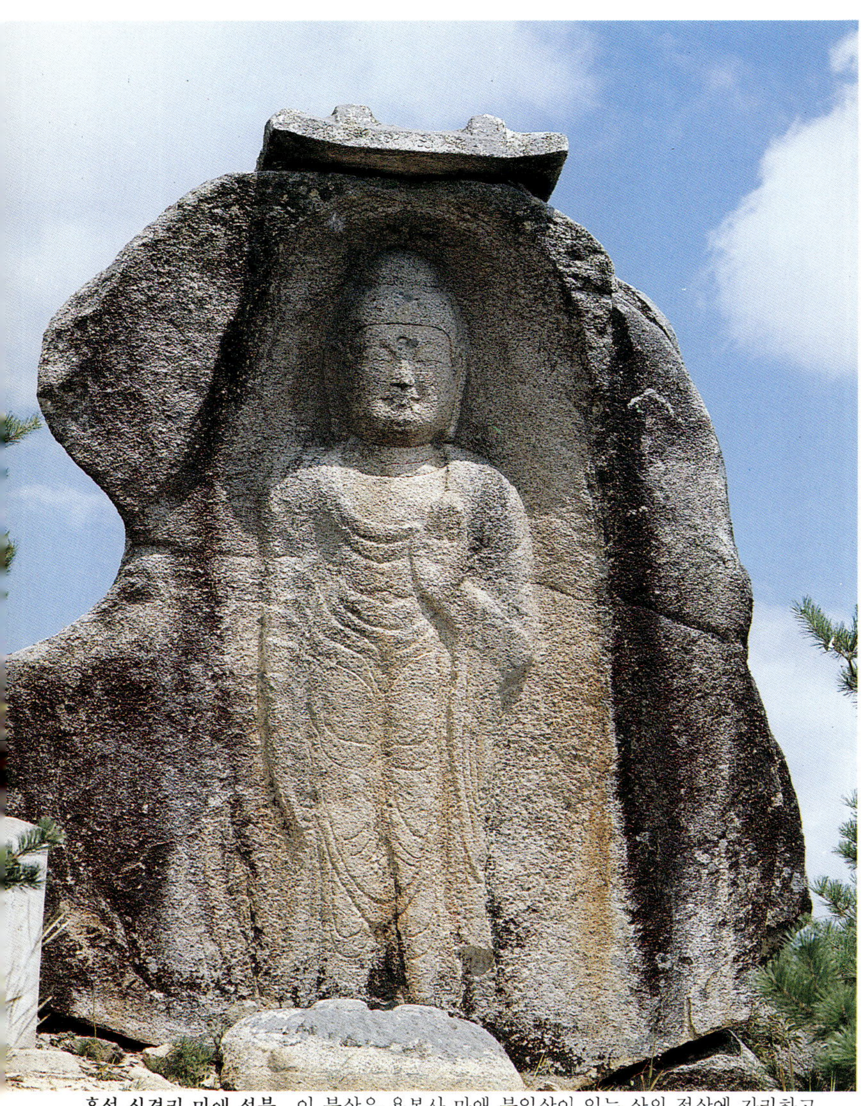

홍성 신경리 마애 석불   이 불상은 용봉사 마애 불입상이 있는 산의 정상에 자리하고 있다. 이 불상에서도 용봉사 마애 불입상과 같이 별석의 발을 표현하는 수법을 쓰고 있다.

보물 제355호)에서도 찾아볼 수 있고 이 시대 비상(碑像)인 인양사 조사상의 예도 있어서 마애불 발 표현의 한 방법으로 유행하였던 것 같다.

불의는 통견의인데 가슴의 옷깃이 불분명하지만 목 주위로 돌고 있어서 굽타 불상 착의법과 유사한 것으로 생각된다. 옷주름은 무릎까지 전신에 걸쳐 U자형을 선각으로 표현하였고 무릎 밑은 군의를 세로선으로 나타냈지만 불분명하게 처리되었다. 광배는 바위를 파면서 불상을 만들 때 불상 주위를 깊게 새겨 감실형의 주형 거신광을 형성하였으나 뚜렷하지 않으며 머리 위에서부터 바위면이 삼각형으로 떨어져 나간 채 그대로 방치되어 이 불상의 인상을 흐리게 하고 있다.

이처럼 이 불상은 일면 불균형스러운 점도 있어서 고려 조각 양식과 상통하는 점도 있지만 자연스러운 신라식 수법도 보여 주고 있어서 지방 양식이 강하게 나타난 통일신라 불상으로 생각된다. 이 불상의 조성기는 다음과 같다.

貞元十五年己卯四月日仁符(入村?)
○佛願大伯士元鳥法師
○香徒(行?)官人長 • 大舍

31자의 조성기를 보면 이 불상은 통일신라 후기인 소성왕 1년(799) 4월에 조성된 작품이다. 작가(元鳥 법사), 발원자(長 • 大舍) 등도 있어서 통일신라 하대 불상 연구에 한 기준 작품이 된다는 점에서 이 불상은 중요한 의의를 갖고 있으며, 용봉산 상봉 신경리 마애 석불의 편년 설정에도 결정적 자료로 평가된다. 특히 지방 마애 불상인 경우 신라 하대부터 지방 양식이 나타난다는 사실을 알 수 있다.

방어산 마애 약사 삼존 불상(防禦山磨崖藥師三尊佛像)　경상남도 함안군 군북면 하림리에 위치한 방어산 정상 가까운 절벽에 새겨진 마애 약사 삼존불 입상이다(801년 작. 본존불 높이 353센티미터, 보물 제159호). 너비 7미터, 높이 약 5미터의 평평한 절벽 바위면에 거구의 삼존상을 선각으로 새겨 놓았는데 가운데 약사불 입상을 중심으로 좌우에 일광보살(日光菩薩), 월광보살(月光菩薩)을 선각 기법으로 새겼으며 삼존상 오른쪽 여백에 불상 조성기를 새겼다.

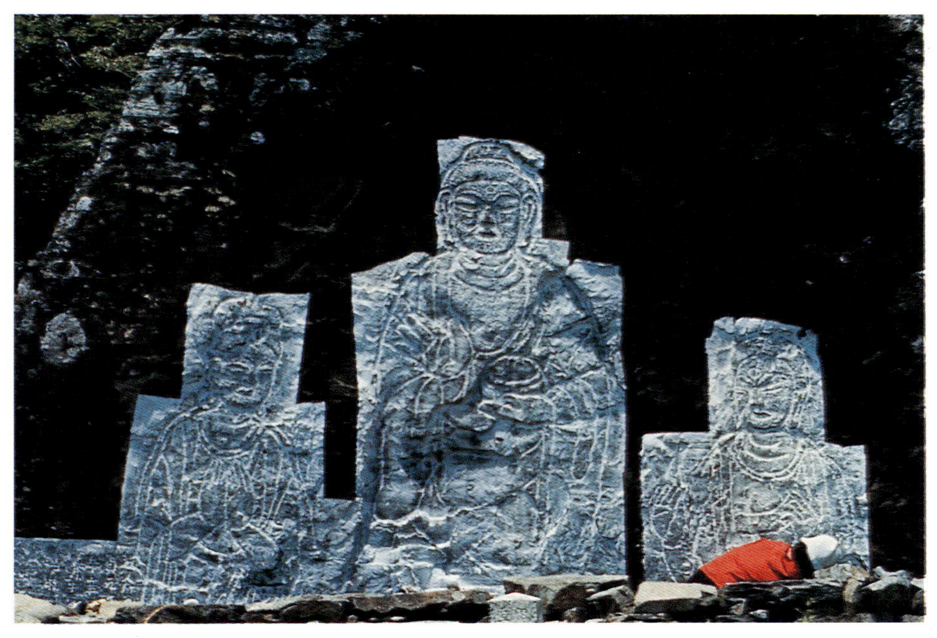

방어산 마애 약사 삼존 불상　탁본을 통해 이 상들이 절리가 있는 바위면에 음각선으로 새겨진 것을 알 수 있다.

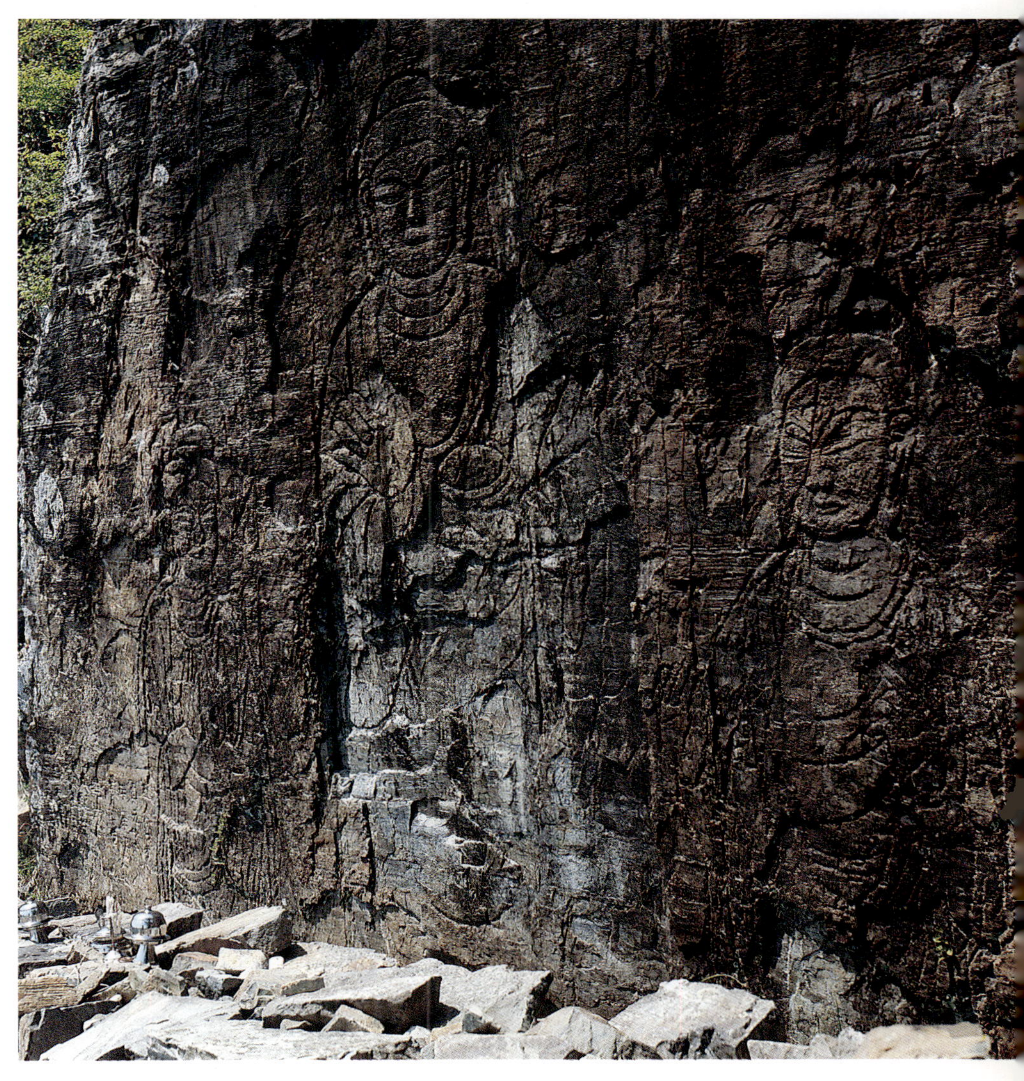

방어산 마애 약사 삼존 불상   가운데에 약합을 든 약사불을 중심으로 일광보살, 월광보
살은 4분의 1 측면관을 하고 있다.

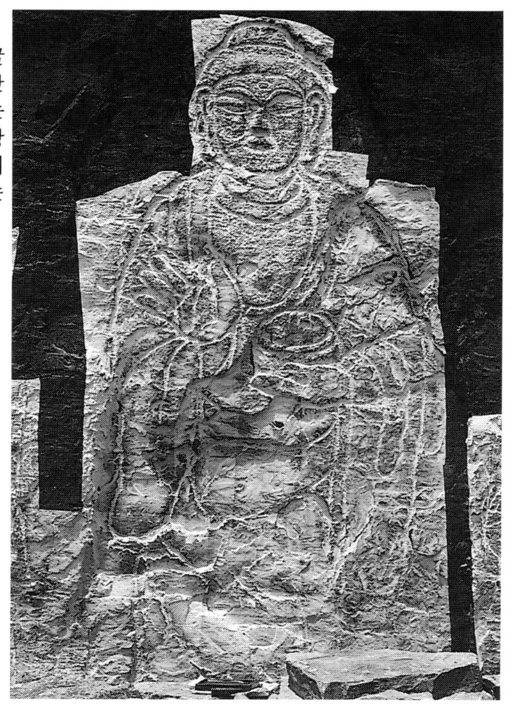

방어산 마애 약사 삼존불의 본존상 얼굴에 비해서 신체가 장대하게 보이지만 당당한 체격은 아니며 긴장감 넘치는 장대성도 엿볼 수 없다. 곧 8세기의 긴장감과 활력에 넘치던 이상적 사실주의 양식에서 활력이 감퇴되어 해이해지는 변모 과정을 잘 보여 주고 있다.

현재 발목 이하는 묻혀 있고 주위에 기왓조각과 주춧돌 등이 흩어져 있다. 본존불은 발목과 발이 불분명하여 정확한 높이를 알 수 없으나 당대 불상들을 기준하면 50센티미터쯤 더 높았을 것으로 보인다. 삼존의 구성은 보살들이 본존을 향해서 4분의 1 측면관을 하고 있는데 마애불일 경우 대개 측면관을 한 것이 많지만 이처럼 자연스런 측면관은 드물다.

이와 함께 두 보살들의 머리 끝이 본존불의 가슴 부근까지도 닿지 않았는데 대개 어깨쯤 닿는 일반적 경향과는 다른 새로운 모습이다. 이러한 새로운 경향은 불상의 형태에서도 잘 나타나 있다. 불상은 얼굴에 비해서 신체가 장대하게 보이지만 당당한 체격은 아니며 긴장감 넘치는 장대성도 엿볼 수 없다. 두 협시보살들의 표정, 가령 일광보살의 강렬한 인상이나 월광보살의 온화하고 부드러우며 예쁘기까지 한 얼굴이나 체구 등에서 아직까지 이상주의 양식이 약간 남아 있지만 전체적으로는 탄력이나 긴장성이 크게 후퇴되었다. 말하자면 8세기의 긴장감과 활력에 넘치던 이상적 사실주의 양식에서 활력이 감퇴되어 해이해지는 변모 과정을 잘 보여 주고 있다.

이러한 변모에는 도식화 또는 형식화되는 면도 따르게 마련인데, 가령 목의 삼도가 지나치게 가슴으로 처지는 과장적 수법이나 측면관이어야 할 귀를 정면관으로 처리한 수법 등에서 그러한 도식화가 잘 나타나고 있다. 얼굴이나 신체 윤곽선, 옷자락선 등에서도 형식적인 처리가 나타나 비록 호선으로 처리하였지만 8세기경의 명랑하고 활달하며 유려하면서도 긴장미 넘치는 선과는 달리 긴장감이 빠져 있다. 이 불상은 확실한 연대를 알 수 있는 조각으로서 신라 조각 편년 연구에 귀중한 자료가 된다. 또 이 불상이 약사불이라는 점에서 명문의 내용과 같이 하대 신라의 혼란을 극복하고자 한 의지가 엿보인다.

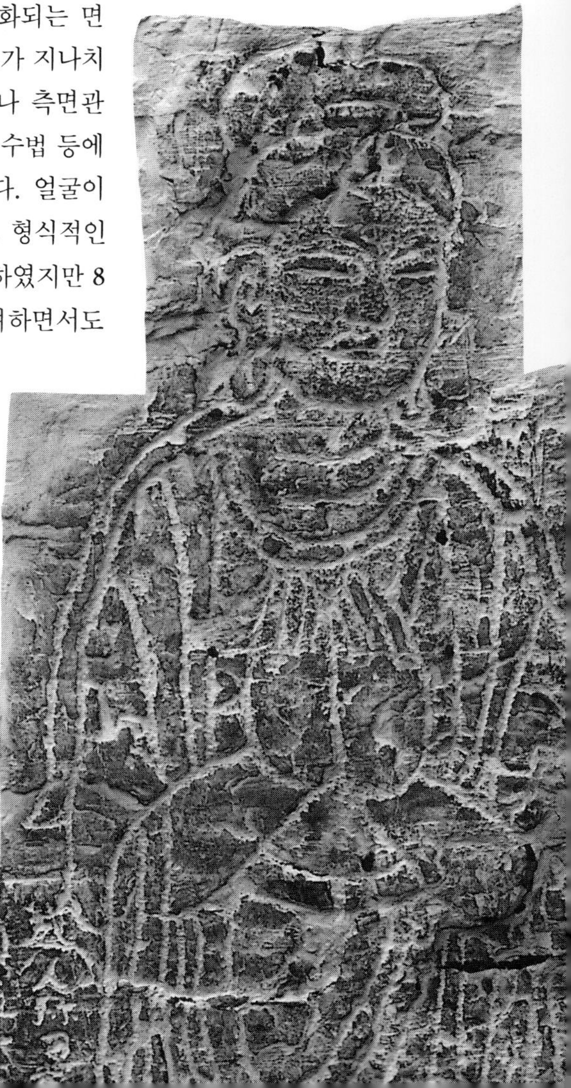

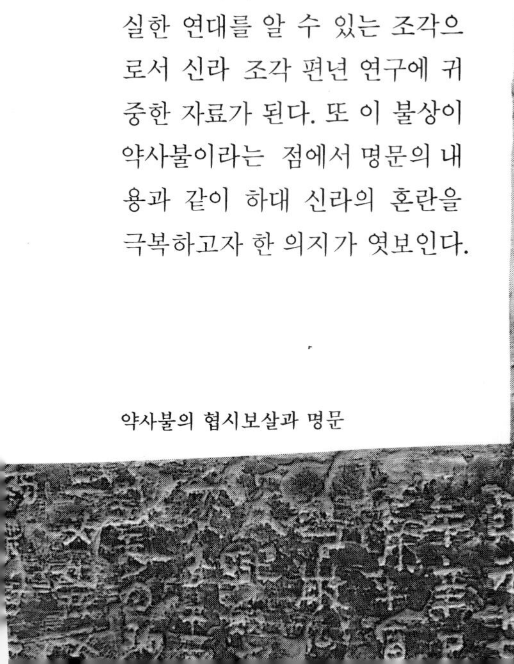

약사불의 협시보살과 명문

경주 남산 윤을곡 마애 불좌상(慶州拜里潤乙谷磨崖佛坐像)　경상
북도 경주 남산 윤을곡에 있는 835년에 조성된 마애 삼존 불상이다
(높이 본존불 109.6센티미터, 오른쪽 불상 108센티미터, 경상북도
유형문화재 제195호). ㄱ자로 꺾어진 바위면의 두 면에 세 불상을
부조한 이른바 마애 삼존불 형식으로 동남향한 바위면에 2구, 서남
향한 바위면에 1구의 불상을 각각 새겼다.

　중앙의 본존불은 연꽃 대좌 위에 결가부좌한 상으로 육계가 머리
에 비하여 유난히 높고 큼직하다. 얼굴은 긴 타원형으로 턱을 각진
것처럼 표현하여 약간 완강한 느낌을 주지만 눈을 가늘게 뜨고 입에
는 미소를 띠게 하여 부드럽게 하였다. 신체는 목을 약간 움츠리고
어깨를 들어올렸으며 가슴에는 양감이 결여되어 빈약해 보인다.
오른손은 마멸이 심하여 확실하지 않지만 시무외인을 결한 듯하며
왼손은 내려 무릎에 걸쳐 촉지인을 짓고 있는 것 같다. 불의는 통견
의로서 9세기 불상들에서 흔히 볼 수 있듯이 어깨에는 다소 굵은
선각으로 주름이 잡히고 무릎 아래로 내려진 옷주름이 넓게 U자형
을 이루고 있다. 가슴에는 내의를 묶은 띠매듭이 표현되었다. 광배는
두 줄의 두, 신광배로 표현되었고 대좌는 앙련과 복련으로 된 연꽃
대좌이다.

　오른쪽(向左) 불상은 본존불보다 조금 작고 위축되었는데 얼굴이
길고 턱을 역시 각지게 표현하여 완강한 인상을 주지만 얼굴에는
양감이 있고 미소를 띠고 있어 부드러운 느낌을 준다. 신체는 목을
움츠리고 양 어깨가 치켜 올라가 사각형적으로 되었으며 상체가
짧은 데 비해 하체가 너무 높아 비례가 잘 맞지 않는다. 오른손은
무릎에 얹어 손가락을 살짝 꼬부리고 왼손은 배에 대어 약합을 들고
있는 것으로 보아 약사여래로 생각된다. 불의는 우견편단으로 계단
식 주름을 넓은 띠처럼 나타내고 무릎까지 U자형을 이루며 흘러내
리고 있다. 광배는 두 줄의 음각선으로 두, 신광을 새기고 밖에 다시

주형의 거신 광배를 새겼다. 대좌는 또한 앙련과 복련의 연화 대좌
이다.

　왼쪽(向右) 불상은 세 불상 가운데 조각 솜씨가 가장 떨어진다. 95쪽 아래 사진
사각형에 가까운 얼굴은 세부를 마무리하지 않고 턱이나 윤곽 등을
선각으로 그은 채 그대로 두어 전체적인 인상이 생생하지 못하다.
신체 또한 사각형으로 어깨는 빚은 듯이 평평하고 가슴은 양감이
거의 없다. 왼손은 배에 대어 약합을 들고 오른손은 왼손 밑으로
대었다. 불의는 통견의로서 가슴이 길게 터졌고 U자형의 옷주름이
둥근 원을 이루며 무릎 밑까지 새겨졌다. 광배는 굵은 띠로 두, 신광
을 새겼는데 그 안에는 좌우에 각각 화불이 2구씩 모두 4구가 부조
되었다. 대좌는 연화 대좌를 표현한 듯하나 불분명하다.

　이 삼존불은 본존불의 광배 왼쪽에 새겨진 '태화 9년(太和九年)'
'을묘(乙卯)'라는 명문에 의하여 835년에 조성된 것임이 밝혀졌는데
구도와 비례, 형태, 양감, 선 등에서 8세기 불상과 9세기 후반 불상
의 특징을 함께 지니고 있어 주목된다. 곧 불신(佛身)에 대한 얼굴의
비례는 석굴암 본존불 좌상이나 칠불암 마애 불상군의 본존불과
같은 8세기 중엽 불상들과 상통하고 있지만, 형태면에서는 8세기
불상들의 이상적인 모습과는 달리 현실적인 모습이 짙게 반영되고
있다. 어깨는 비록 넓게 표현되었으나 움츠린 형태, 양감이 결여된
가슴 등으로 인해 해이한 느낌을 준다. 불상의 형태에서는 좌우의
균제성이 깨뜨려지고 있으며 얼굴이나 팔 등의 양감이 보림사 철조
비로자나불상의 얼굴 등 9세기 후반 불상의 양감과 상통하여 경직
된 느낌을 주고 있다.

　이 삼존불은 조성 연대가 밝혀진 마애불로서 신라 조각사 편년
설정에 중요한 자료가 되며, 도상학적(圖像學的)으로 볼 때 석가모
니불, 약사불, 미륵불의 삼세불(三世佛)일 가능성이 높아 신라시대
의 유일한 삼세불로서도 주목되고 있다.

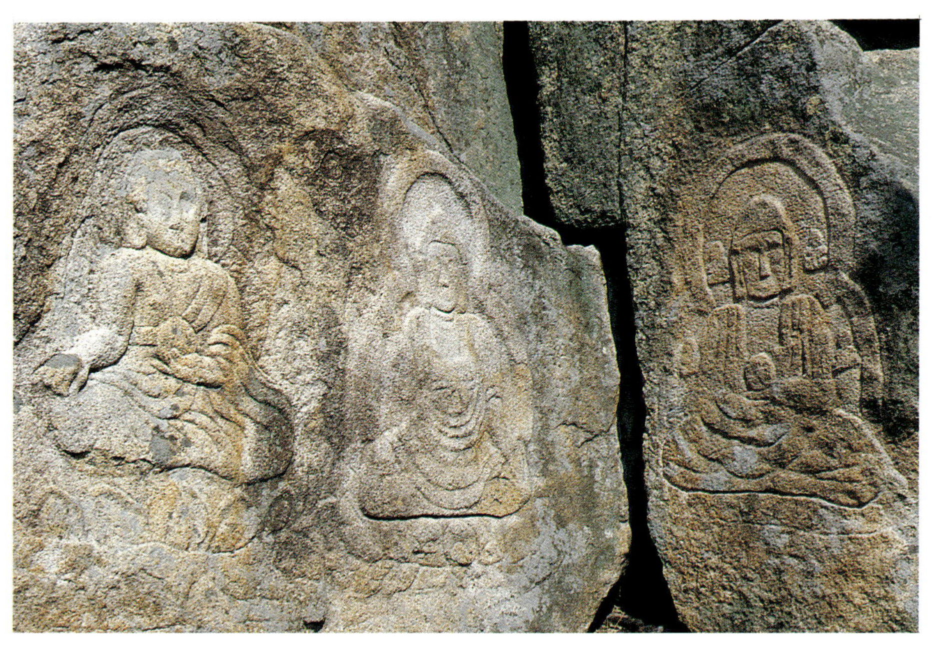

경주 남산 윤을곡 마애 불좌상 ㄱ자로 꺾어진 바위면의 두 면에 세 불상을 부조한 이른바 마애 삼존불 형식으로 동남향한 바위면에 2구, 서남향한 바위면에 1구의 불상을 각각 새겼다.

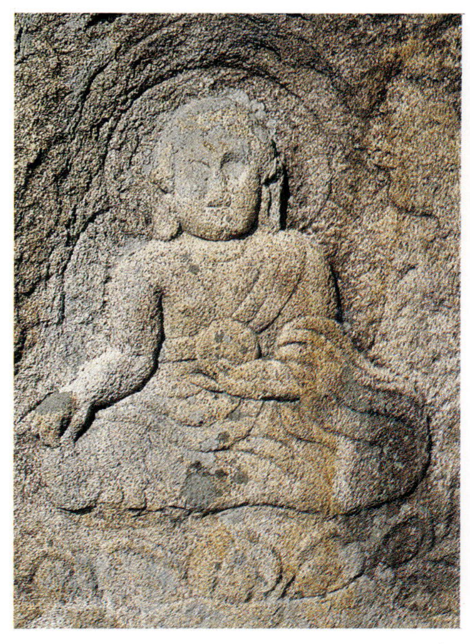

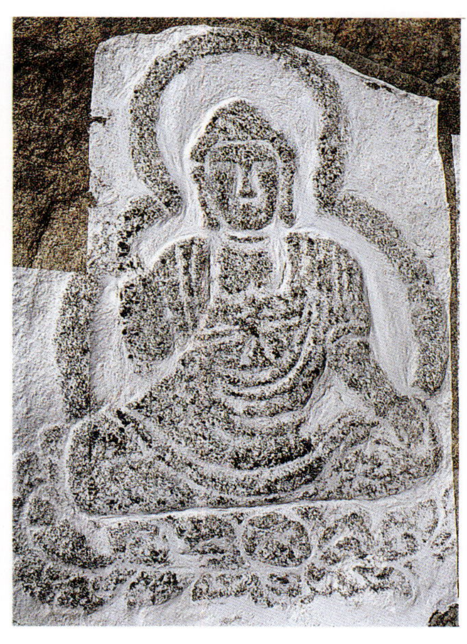

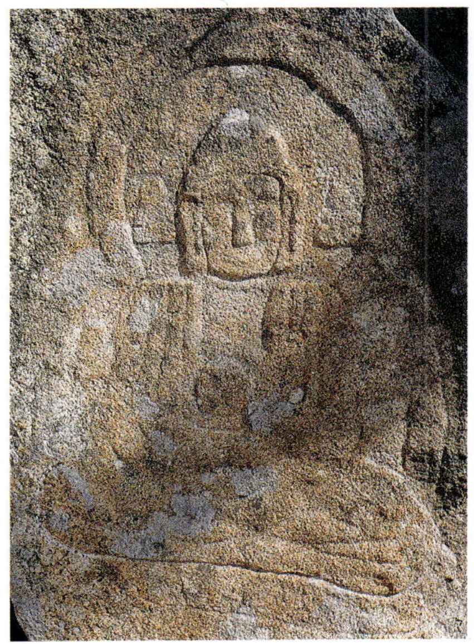

경주 남산 윤을곡 마애 불좌상 오른손은 무릎에 얹어 손가락을 살짝 꼬부리고 왼손은 배에 대어 약합을 들고 있는 것으로 보아 약사여래로 생각된다(위 왼쪽). 중앙의 본존불은 연꽃 대좌 위에 결가부좌한 상으로 육계가 머리에 비하여 유난히 높고 큼직하다(위 오른쪽). 광배는 굵은 띠로 두, 신광을 새겼는데 그 안에는 좌우에 각각 화불이 2구씩 모두 4구가 부조되었다(왼쪽).

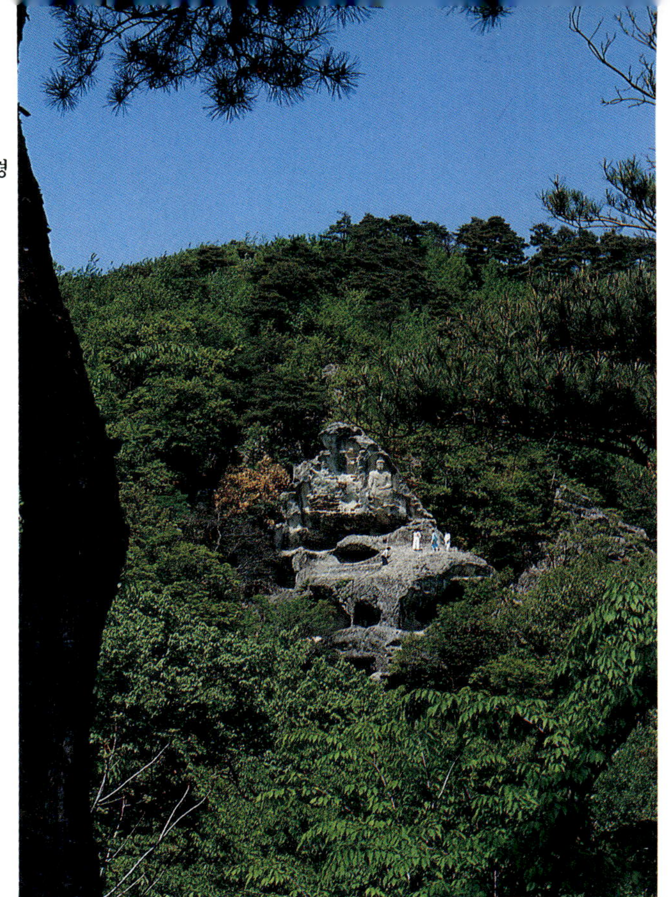

　　골굴암 마애 불좌상(骨窟庵磨崖佛坐像)　　토함산 석굴(土含山石窟)에서 감은사가 있는 동해구(東海口)로 내려가는 곳에 위치한 골굴 석굴(骨窟石窟, 骨窟庵)은 감은사에서 기림사로 들어가는 입구에 해당되기도 하는 곳이다. 수십 미터나 되는 거대한 석회암 절벽에 자연굴을 이용한 12개의 석굴이 개착되었는데 제일 상단에 마애불이 조성되었다. 굴들은 서로 계단과 난간 기둥 등으로 연결되어 완연히 인도나 중국의 대석굴군(아잔타, 오랑가바드, 돈황, 용문, 천룡산 등)을 방불케 하는데 아마도 석질 때문에 돈황 석굴에 가장

가까운 것 같다. 12개 석굴은 「산중일기(山中日記)」(丁時翰 著)라는 19세기 책에 보면 법당굴(法堂窟), 설법굴(說法窟) 등으로 표시하여 각 굴마다 수도승이 거주하고 있는 상황을 알려 주고 있어서 석굴의 효용은 조선조 말까지도 계승되고 있었던 것으로 이해된다.

절벽 상부에 높다랗게 새겨진 마애 불상은 오랜 풍화 때문에 곳곳에 탈락이 심하고 표면이 떨어지고 있는 상태에서 근년에 보존 처리를 하여 일단 급속한 결락의 진행은 막은 셈이다. 높다란 육계, 부피감이 있는 얼굴 등은 8세기 칠불암 본존불 얼굴 등과 상통하고 있지만 꾸민 듯한 탄력감, 가늘고 빈약한 코, 두드러진 인중과 튀어나온 작은 입, 가는 눈 등은 도피안사 철불상(865년 작)의 얼굴과 상통되고 있다. 98, 99쪽 사진

이러한 유사점은 각진 어깨, 평판적인 방형의 체구 등에서도 지적될 수 있으며 옷주름에서 가장 두드러지게 나타나고 있다. 좌우 어깨에서 내려진 굵은 띠주름 옷깃은 축서사 비로자나 불상(867년경 작)과 비슷하며, 얇게 빚은 듯한 평행 계단식 옷주름 역시 축서사 불상과 가장 비슷하며 도피안사 상과도 상통하는 점이다. 겨드랑이로 내려진 꺾쇠 주름은 축서사 상이나 보림사 비로자나 불상 등에 일부 보이고 있지만 전체적으로 이 골굴암 마애불이 평행 계단식 옷주름 표현에서는 당대의 대표적인 작품으로 평가된다. 이처럼 골굴암 마애불은 9세기 후반기 불상(9세기 3/4분기)들과 상당히 흡사하며 보다 두드러진 작품이어서 9세기 후반기 마애불의 대표작이라 해도 무방할 것이다.

무릎 아래에도 구름 무늬와 불꽃 무늬가 희미하게 남아 있고 불상 주위로 선각의 불꽃 무늬가 산만하게 표현되고 있으며 머리 주위로는 연꽃을 새기고 있다. 불꽃 무늬는 마치 구름처럼 보여 푸른 창공에 부처님이 떠 있는 것처럼 시적인 분위기를 자아내고 있어서 골굴 마애 불상을 한결 돋보이게 한다.

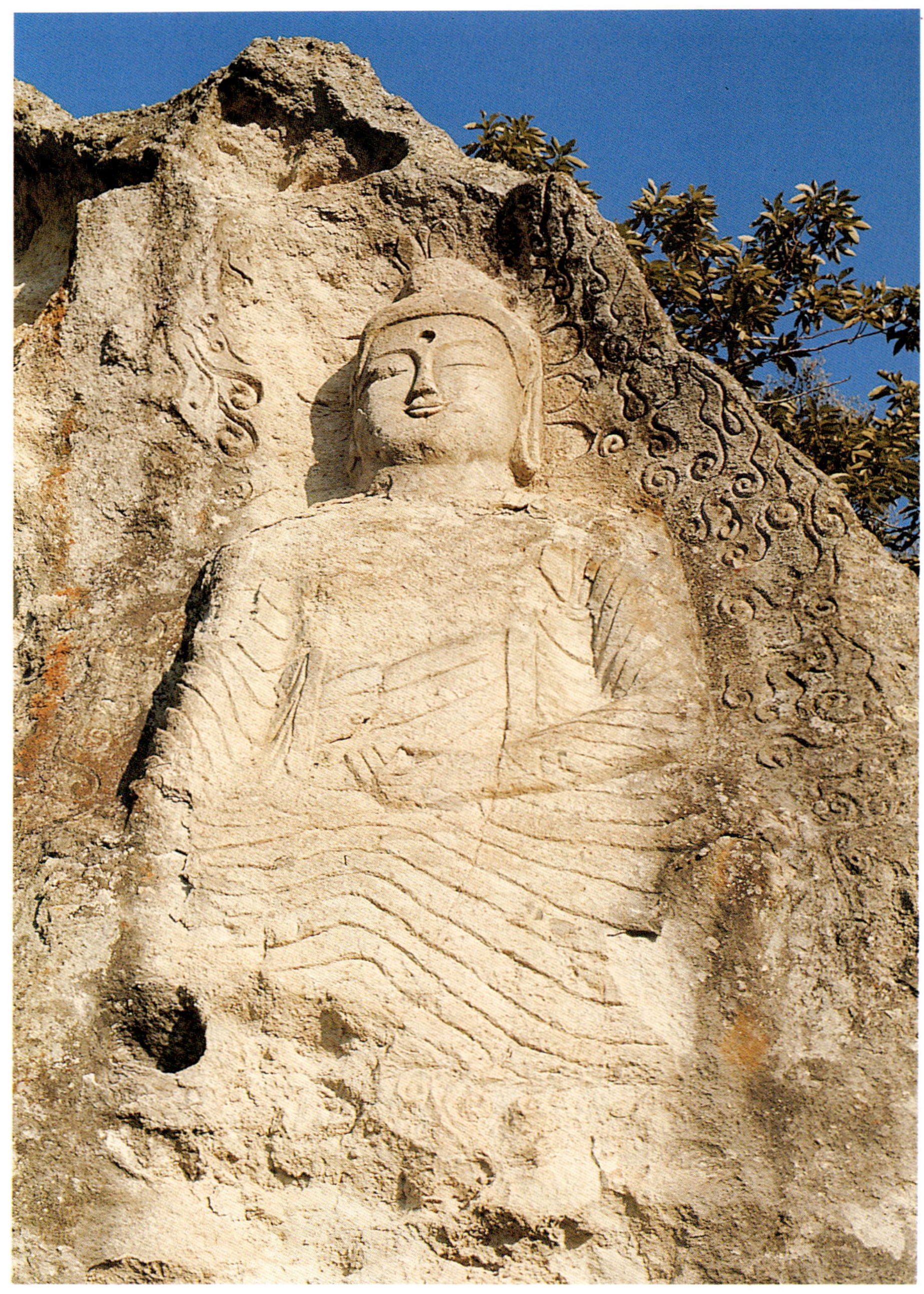

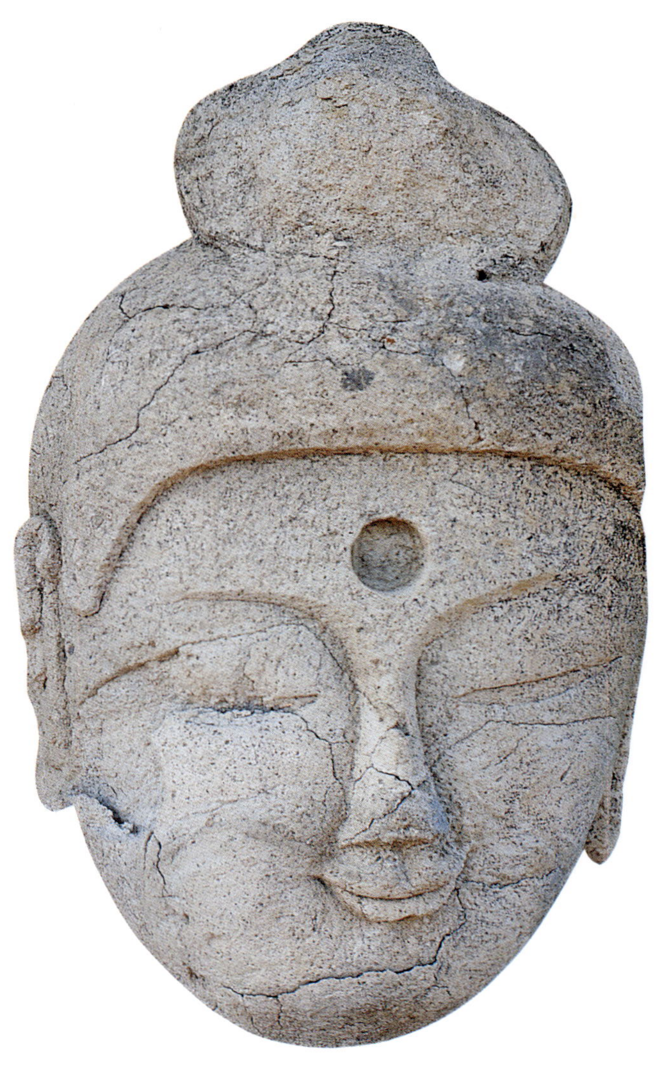

골굴암 마애 불좌상(옆면)
골굴암 마애불의 머리 부분(위)

고려시대 마애불

고려시대 초기에는 불상들이 대형으로 조성되는데 마애불은 이런 조류에 힘입어 더욱 거대하게 만들어졌다.

북한산 구기리 마애불, 선운사 마애불, 중원 미륵리 마애 대불, 천원 삼대리 마애 대불, 용미리 마애 대불 등 헤아릴 수 없이 많은 대작(大作)들이 쏟아져 나왔던 것이다.

이와 함께 아담하고 아름다운 마애불들도 만들어지기도 하는데 광주 교리 마애 약사불상 등은 그 대표적인 예라 하겠다.

고려 마애불 역시 당대의 대표적인 작품으로 대부분 평가되고 있으며 고려 조각사 연구의 기본 자료로 널리 이해되고 있어서 삼국시대나 통일신라시대에 이어 고려 마애불 또한 매우 귀중하게 생각되고 있다.

파주 용미리 마애 불상 고려시대 초기에는 불상들이 대형으로 조성되는데 마애불은 이런 조류에 힘입어 더욱 거대하게 만들어졌다.(옆면)

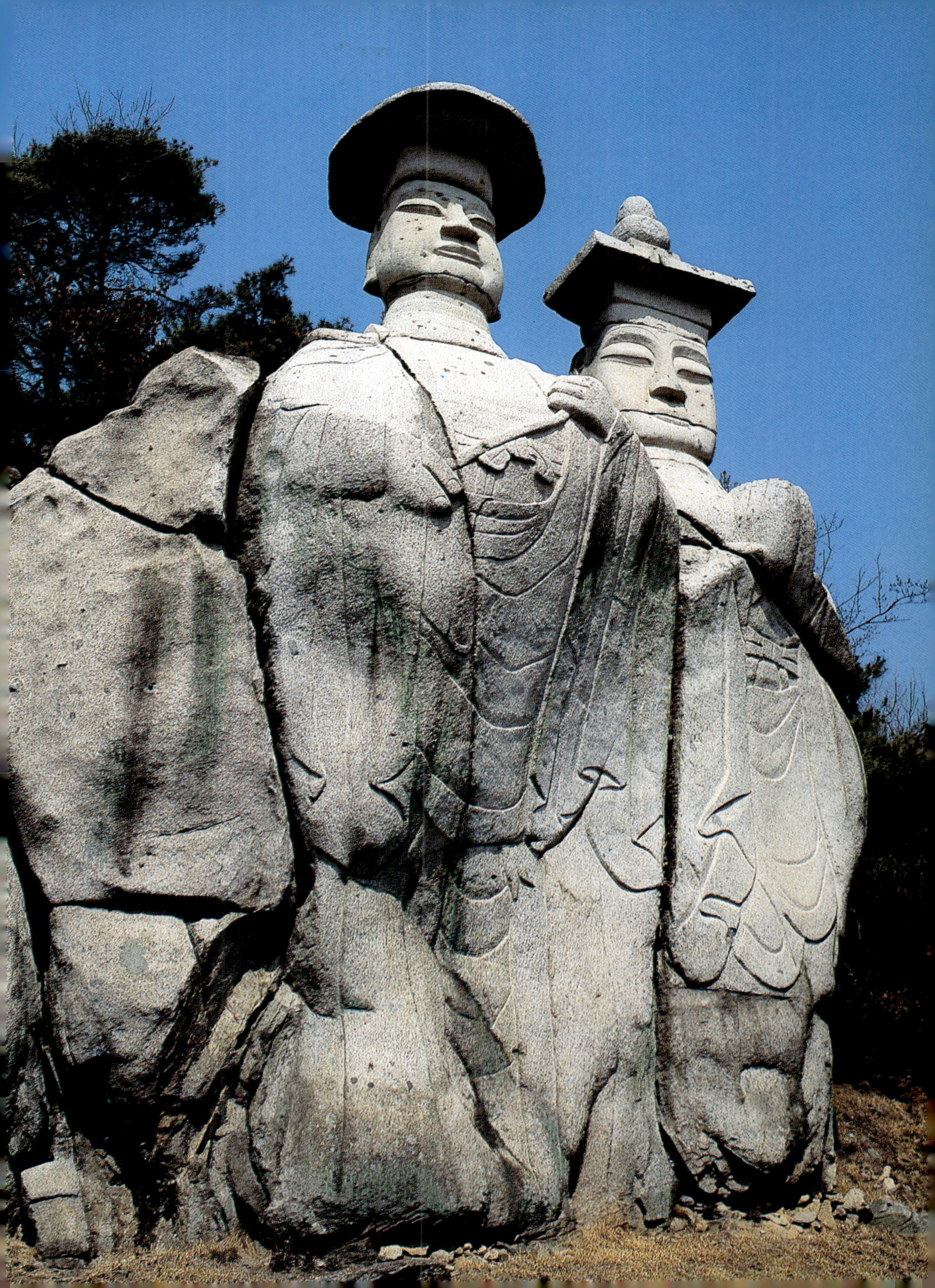

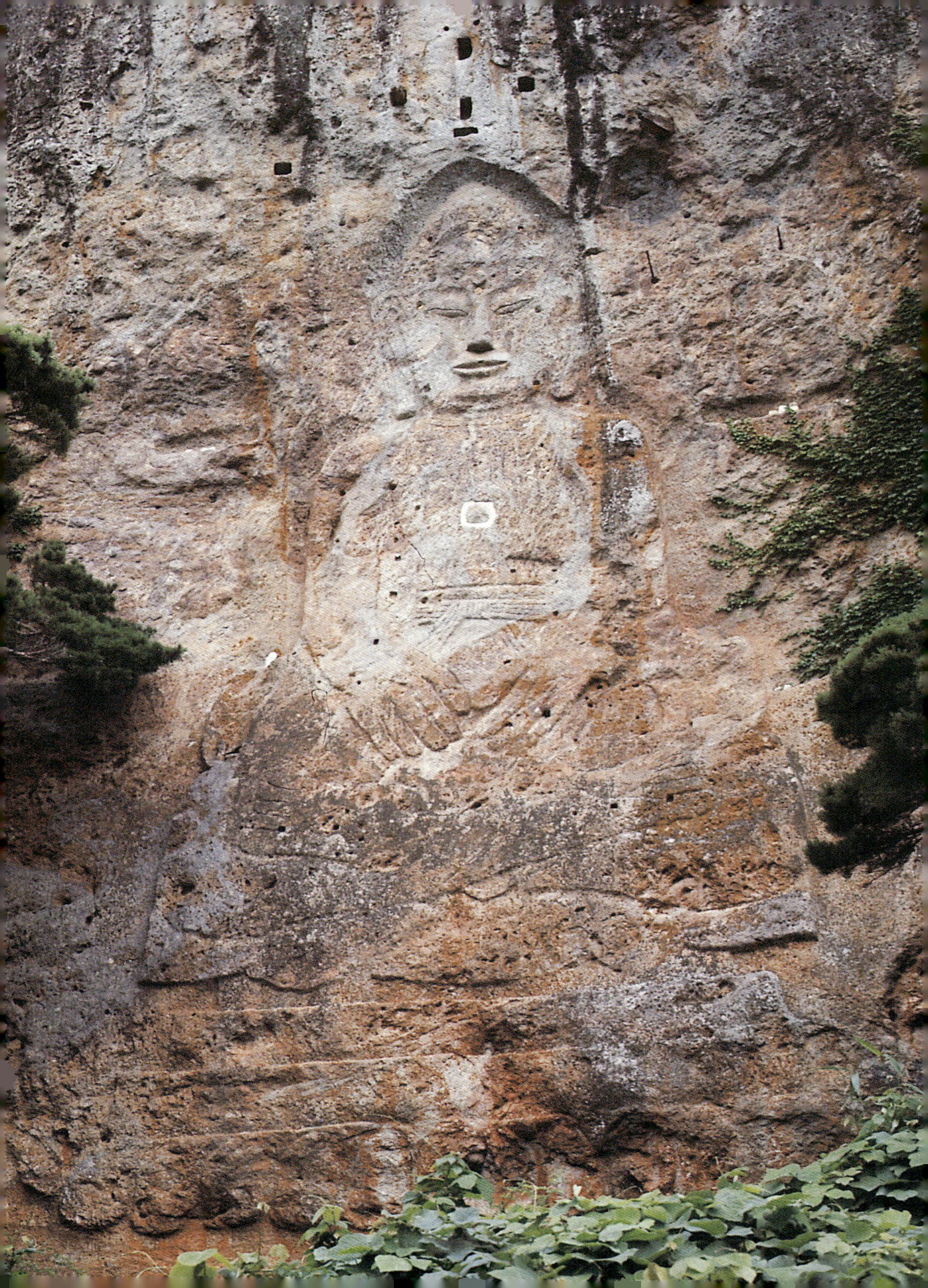

불상의 특징

고려 조각은 무신란(1170년)을 전후로 크게 전기와 후기 양식으로 나눌 수 있는데 두 시기도 각각 2기씩 나눌 수 있다.

고려 태조가 궁예(弓裔)의 후고구려(後高句麗)를 없애고 새로운 고려 왕국을 건국한 해가 918년이고, 신라와 후백제를 멸망시키고 후삼국을 통일한 것이 936년이다. 그러나 고려가 고려적인 성격을 세운 것은 광종 때라고 할 수 있다. 고려는 지방의 세력가들인 호족들의 연합에 의하여 후삼국을 통일할 수 있었고 이러한 상태는 광종이 스스로 황제(皇帝)라 칭하면서 중앙 집권화를 강력히 추진하던 때까지 계속되었던 것이다. 그 다음 왕인 성종 때에는 이러한 중앙 집권화가 완전히 성취되었고 이때부터 고려에는 본격적인 관료적 귀족 사회가 이루어졌다.

관료적 귀족 사회는 여기에 알맞은 귀족 문화를 창조하기 마련이다. 유교에 의하여 현실적 정치 제도를 정비하는 한편 한문학(漢文學) 같은 유교 문화를 창조하였고 이러한 현실 문화를 포괄하면서 보다 심오한 정신 문화인 불교 문화를 발달시켰다. 우리 역사상 불교에 의해 한 나라가 세워지고 이러한 전통이 끝까지 지켜진 유일한 나라는 고려밖에 없다. 말하자면 고려는 철두철미한 불교 국가였다. 당시의 불교는 초기에는 교종과 선종이 백중세를 이루었지만 점차 귀족 사회에 알맞은 교종이 대세를 잡기 시작하였는데 이 가운데 화엄종과 천태종, 법상종 등이 극성하였다.

선운사 동불암 마애 불좌상 고려시대 초기에 만들어진 거대한 마애불 가운데 하나인 이 상은 저부조와 음각선을 적절히 사용하였다. 암면에 가구재를 박았던 흔적이 있어 전각을 세워 불상을 보호하고 이 마애불을 예불의 대상으로 삼았음을 알 수 있다. (옆면)

이 시기의 조각 양식은 다양하지만 크게 두 양식으로 나누어 볼 수 있다. 첫째 양식은 신라의 고전 양식 전통을 이어받아 사실적이면서 이상적인 특징이 표현된 광주 철불상, 한송사 보살상 등이고, 둘째 양식은 거대하면서 도식적인 추상성이 강조된 관촉사 보살상, 미륵당 석불상 등이 있다.

오랜 귀족 사회의 지속은 여러 가지 폐단을 몰고 왔다. 문벌 귀족들의 지나친 세력 팽창과 광대한 토지의 겸병(兼幷)으로 인한 경제 구조의 파탄 등으로 고려 사회는 극도의 혼란에 빠졌다. 특히 무신들의 사회적, 경제적 지위 격하가 가장 심각한 문제였는데 1170년에는 결국 이러한 모순이 무신란이라는 혁명을 초래하였다. 힘이 사회의 척도였던 당대 사회에서 무신들은 앞 시대보다 더 막대한 장원(莊園)을 소유하는 노골적인 문벌 사회가 전개된다. 이 무인 시대의 사상은 전대의 교종에 대신하여 선종이 대세를 잡았는데 보조국사(普照國師)의 조계종(曹溪宗)이 득세하게 되었다.

몽고 침입에 항거하여 오랜 세월 동안 투쟁하던 고려는 1270년부터 몽고의 속국화(屬國化)로 전락하게 되는데 이 시기에는 원나라의 영향이 대단히 컸다.

원나라의 선종인 임제종(臨濟宗)의 유행과 함께 성리학이 서서히 대두하기 시작하여 성리학자인 사대부들이 사회 엘리트로 급속히 성장하게 되었다. 이들 신진 사대부 계층의 득세로 마침내 고려는 망하고 조선 왕조가 개창되었다.

이러한 불교 국가 시대였던 고려에는 수많은 사원이 건립되었고, 여기에는 질과 양 모든 면에서 뛰어난 불상들이 조성되어 고려 시대 역시 조각계는 불상이 주종을 이룬 것은 당연한 일이다. 이 시기의 양식은 몽고의 영향이 강해진 1276년을 전후로 나눌 수 있지만, 현재는 뒷시대의 불상들만 남아 있기 때문에 우선 이 시대 양식을 고려 후기 양식이라 할 수밖에 없다.

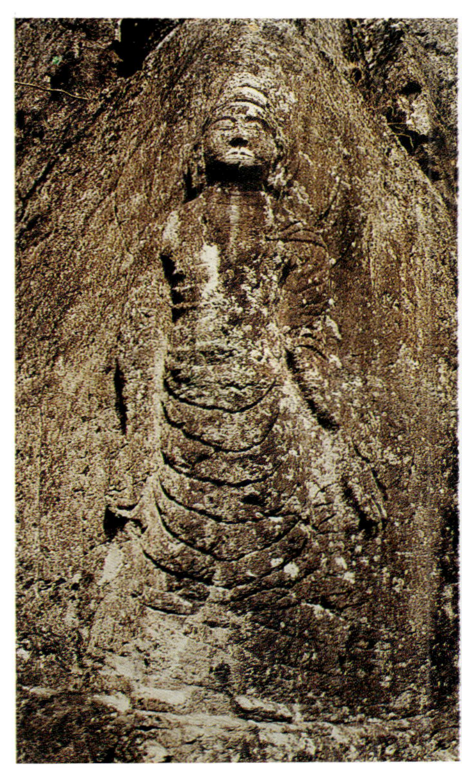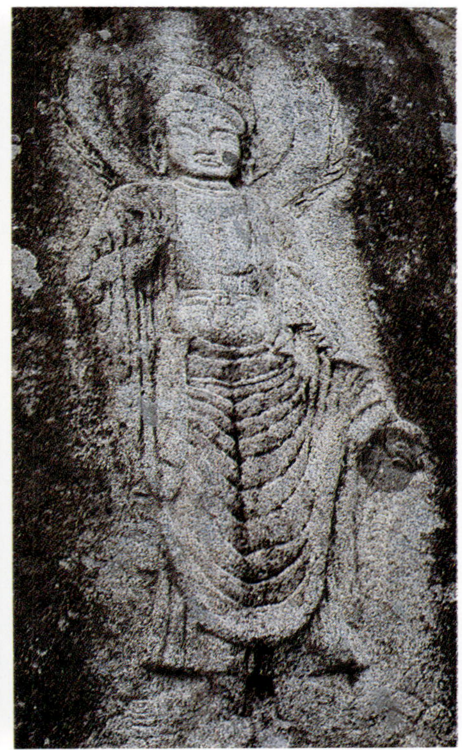

금오산 마애 보살 입상 경북 구미시 남통동 금오산 정상 암벽에 새겨진 마애 보살 상이다. 양감이 있으나 굳은 표정의 얼굴과 둔하고 경직된 신체의 표현, 형식적인 광배 표시 등이 고려시대 작품으로 보이게 한다. 보물 408호. (왼쪽)

여주 계신리 마애 불입상 얕은 돋을새김의 이 불상은 양 어깨를 걸쳐 내려온 법의 와 배 밑으로 늘어진 옷자락의 주름 처리가 도식화되었으나 비교적 자연스러움을 간직하고 있다. 경기도 유형문화재 98호. (오른쪽)

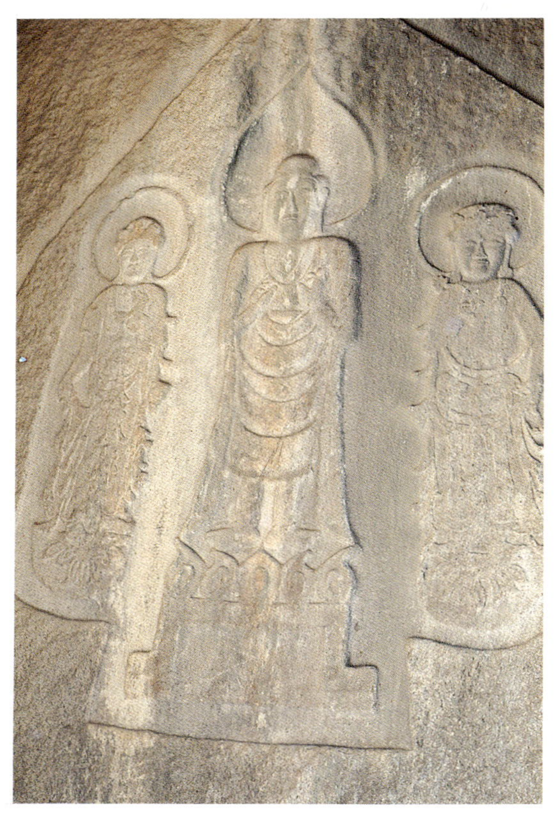

거창 마애 삼존불　경남 거창군 위천면 상주리 산중턱의 석굴 안 바위면에 새겨진 삼존
불 입상으로 가섭암지 마애 삼존불 입상이라 불린다. 이 불상은 삼국시대 불상의
고졸한 양식을 계승하였으면서도 여러 가지 도식적 특징이 나타나 고려시대 불상으
로 추정된다. 보물 530호.(위)

천원 삼대리 마애 불입상　충남 천원군 풍세면 삼대리 태학산에 있는 고려시대의 불상
이다. 수인은 설법인으로 추정되며 표정과 조각 수법이 경직되어 있기는 하나 자연석
을 효율적으로 이용하여 신체 비례에 무리가 없음을 알 수 있다. 보물 407호.(옆면)

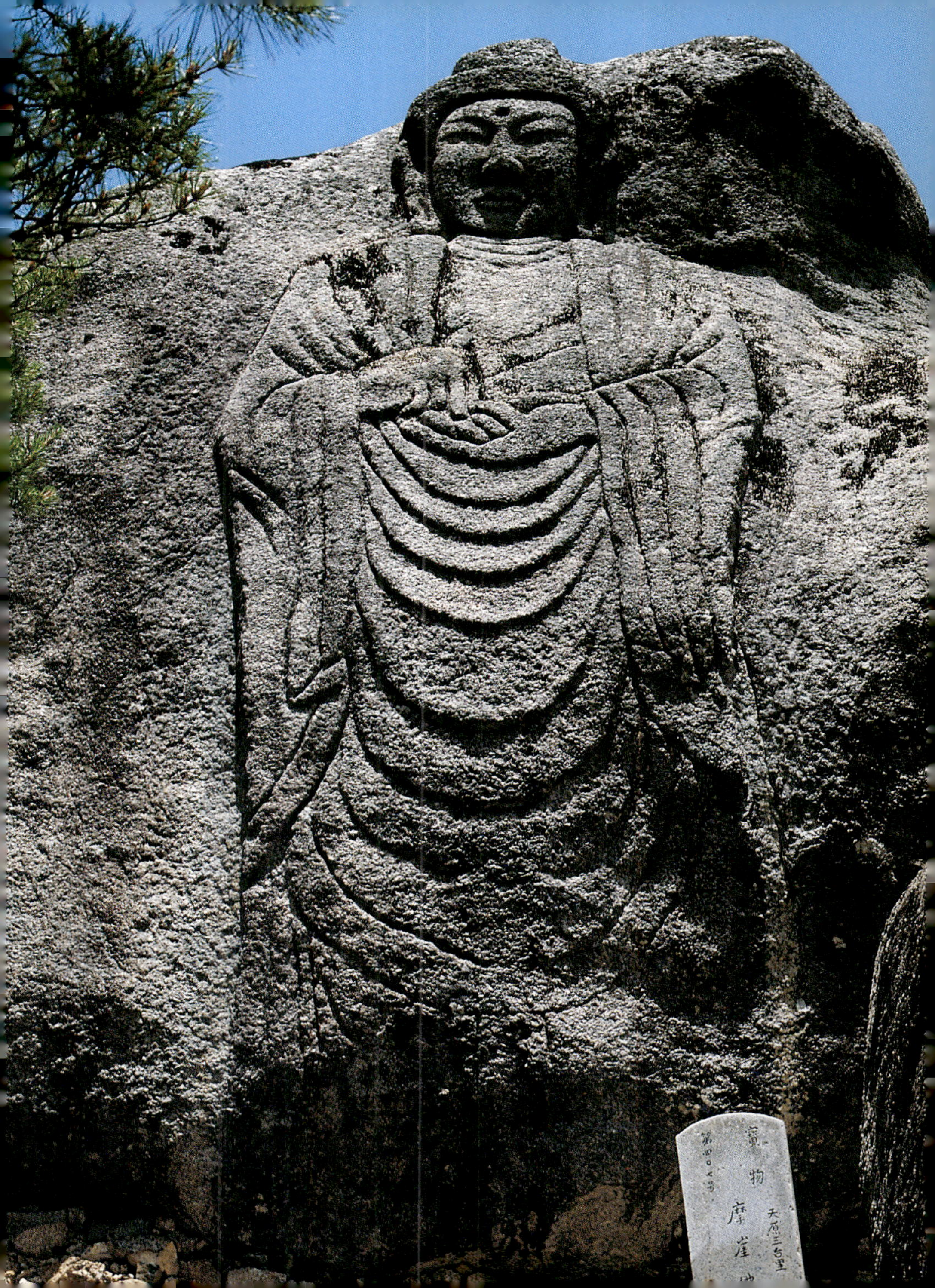
寶物
物
摩崖
第四〇七號
天原三百里

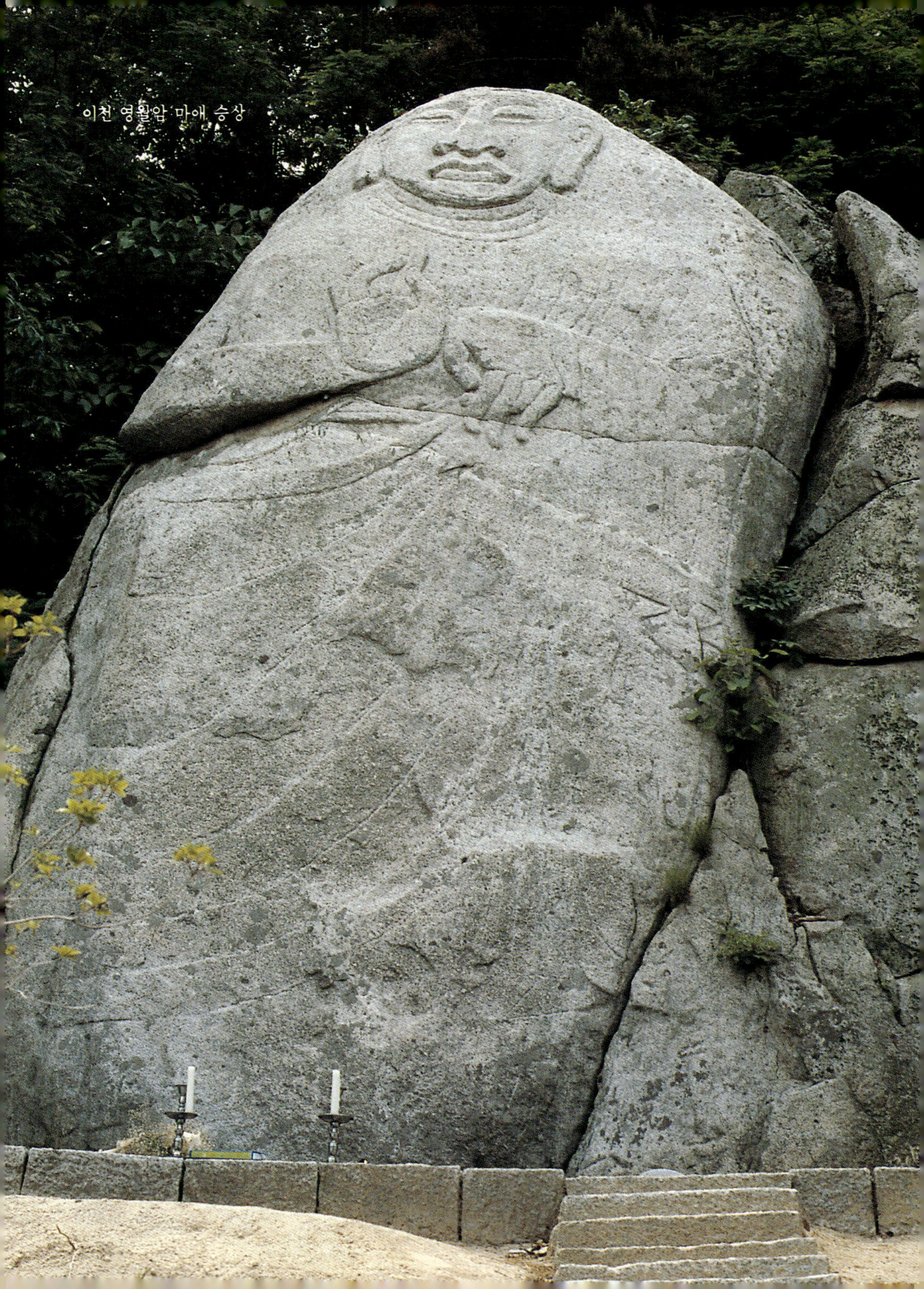

이천 영월암 마애 승상

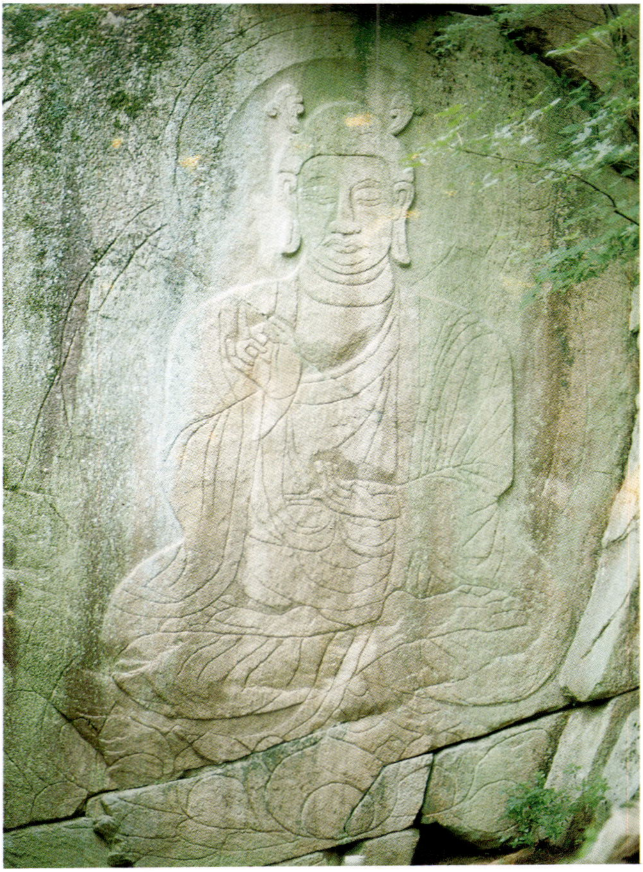

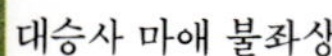

이 시대의 주류적인 양식은 봉림사 불상, 문수사 불상, 장곡사 불상 등에서 보이듯이 단아하고 귀족적인 특징이 표현된 이른바 단아한 신사실적 양식이며, 이와 함께 원나라 양식의 영향을 받은 금강산 출토 금동 보살상 계통도 약간 보이며 전대의 추상적 특징의 전통이 계승된 석불상들도 보이고 있어서 다양한 특징을 나타내고 있다.

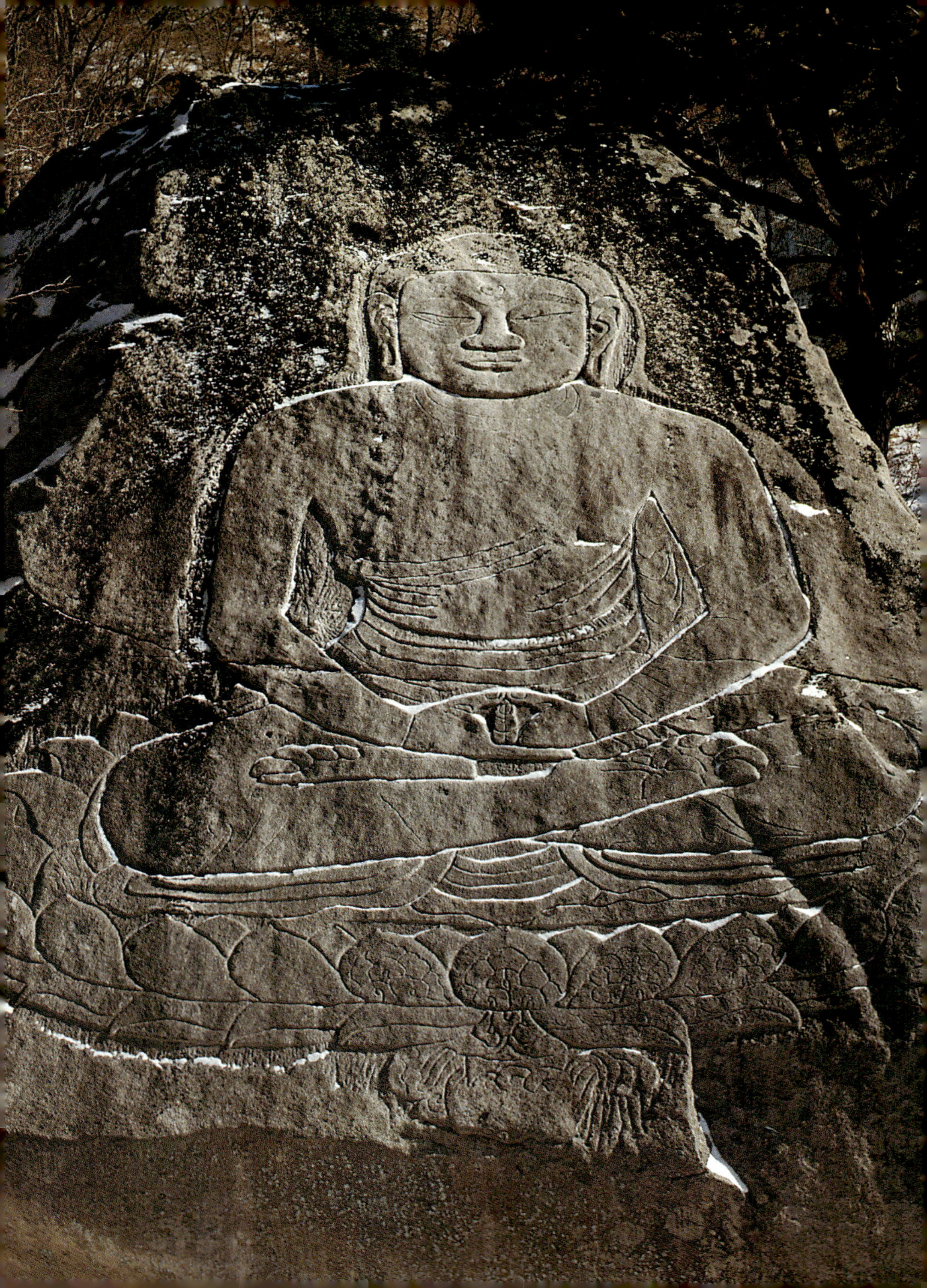

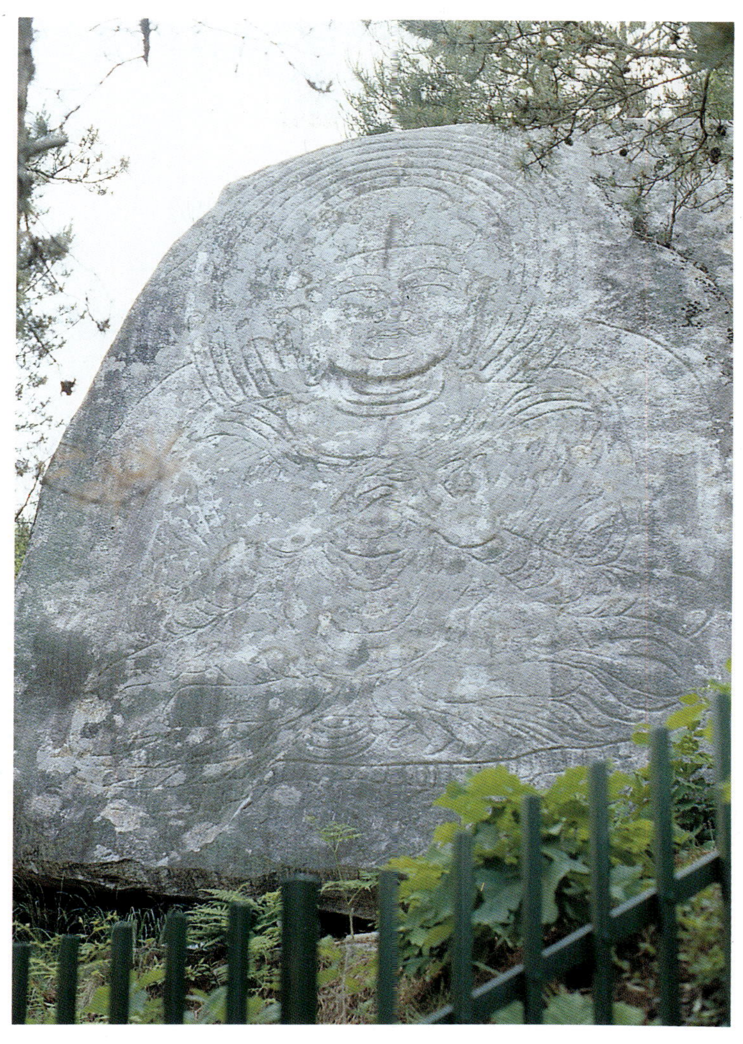

동화사 염불암 마애불 우뚝 솟은 암석 두 면에 얕게 부조된 2구의 아미타불 좌상과
관음보살상 가운데 아미타불 좌상이다.(옆면)
이천 소고리 마애 불좌상 커다란 암면에 음각선으로 표현한 이 불상은 두광을 여러
줄의 선으로 둥글게 표현하였다.(위)

마애불의 현상

　고려 마애불은 많은 수가 남아 있지만 이 시대를 대표할 수 있는 작품은 광주 교리 약사불상과 법주사 마애 미륵불상 정도를 들 수 있다. 이들 고려 마애 불상은 고려 불상 양식 변천을 이해하는 데 기본적인 작품이므로 이를 잘 살펴보면 고려 불교 미술의 아름다움을 절실히 느낄 수 있을 것이다.

　태평 2년명 마애 약사불 좌상(太平二年銘磨崖藥師佛坐像)　경기도 광주읍 교산리에 해당하는 산록의 계곡 끝부분에 솟아 있는 바위에 새겨진 마애불이다. 삼각형으로 이루어진 바위면을 따라 얕게 돋을 새김 기법과 함께 선각으로 새긴 것으로 자연스러우면서도 특이한 기법을 구사하고 있다.

　8각 연화 대좌 위에 결가부좌한 이 불상은 비록 체구는 작지만 당당한 모습을 나타내고 있다. 뾰족한 육계, 타원형의 얼굴, 길고 날카로운 코, 단정한 눈과 입 등에서 이 불안(佛顔)은 긴장되면서도 단정한 표정을 한결같이 보여 주고 있다. 통일신라의 불상과는 확연히 다른 면모로서 중국의 오대(五代)나 송 초(宋初)의 불상과도 상통하지만 새로운 시대의 조각 양식을 수립해 가고 있다는 것을 직감적으로 느끼게 한다. 체구도 얼굴과 마찬가지인데 둥글면서 탄력감 있는 듯한 어깨와 비교적 잘록한 허리는 신라적인 탄력감과는 다른 꾸민 듯한 부피감인데 이것은 골굴암 마애불 같은 신라 말 조각에서 변형된 특징이 아닌가 생각된다.

　상체에 비해서 하체는 비례적으로 작은 편이지만 형태는 유사한 면을 보여 준다. 왼손은 무릎 위에 얹어 약그릇(藥器)을 들고 있고 오른손은 들어 손바닥을 보이는 시무외인을 짓고 있어서 전체적으로 전형적인 약사불의 약기인(藥器印)이라 하겠다. 작은 손에 비해서 약그릇은 큼직하여 약사불의 특징을 두드러지게 나타내고자

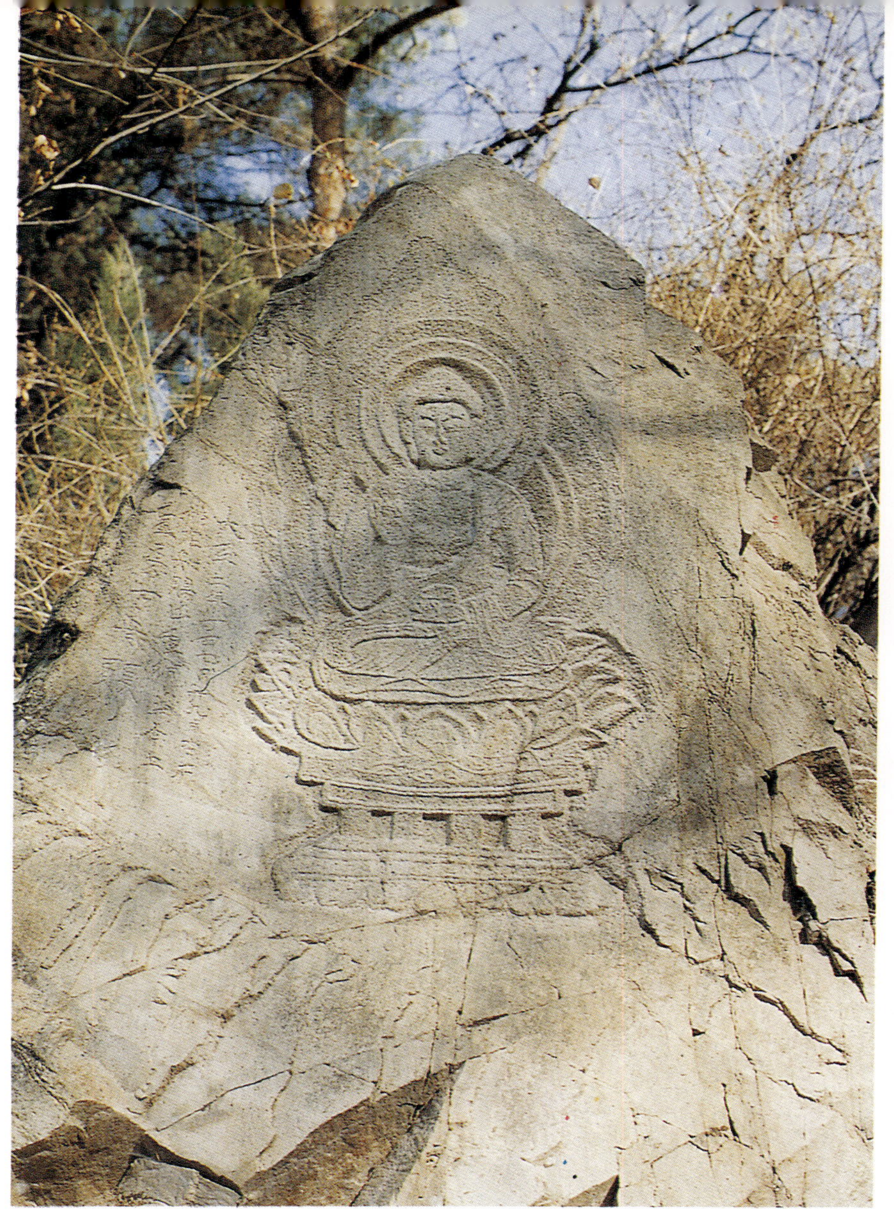

태평 2년명 마애 약사불 좌상 977년경에 조성된 고려 초기의 마애불로 아담하고 아름다운 마애불의 대표적인 예이다.

한 것 같다. 불의는 우견편단으로 입었는데 왼쪽 가슴에서 반전하여 어깨를 덮은 것이 인상적이며 팔과 무릎에 몇 가닥의 간략한 선각으로 옷주름을 나타내고 있다.

대좌는 3단으로 이루어진 8각 대좌로 생각되는데 하대의 하부는 복련이며 그 위에 받침이 있고 중간에 4기둥을 표현하여 8각의 중대(中台)처럼 보이게 했다. 중대 위에 2단 받침과 앙련의 연화문을 새겼는데 불상 주위까지 둘러싸게 한 것으로 당시 이런 식의 표현을 즐겨 사용하였다. 곧 법주사 마애불 등에서도 이런 양상이 보인다. 연꽃 안에 복잡한 꽃무늬를 새겨 9세기 후반기 대좌의 연꽃들과 비교되고 있다.

광배로는 3겹의 선각으로 이루어진 두광과 신광이 있고 이 주위로 불꽃 무늬가 자연스럽게 타오르는 듯하게 표현하고 있다. 광배의 화염 무늬는 삼각형의 바위 외곽을 따라 형성되고 있고, 더욱 자연스러운 구도를 보여 주고 있어서 작가의 비범한 솜씨를 느낄 수 있다.

불상 오른쪽(向左)에는 능숙한 필치로 조성기(造成記)를 새겨놓았다.

太平二年丁丑七月廿(二)九日

　　　重修

　皇帝万歲願

이라는 3행의 명문인데 중수라고 했으나 불상의 양식으로 보아 마애불을 중수한 것으로는 보이지 않으며 혹 사찰 중수 때 이 불상을 조성했다는 기록일 가능성이 있다. 어쨌든 이 불상은 명문대로 977년(景宗 2)경에 조성된 고려 초기의 마애불이 확실하므로 고려 조각사 연구에 귀중한 자료로 높이 평가된다.

법주사 마애 불의상(法住寺磨崖佛倚像)　충청북도 보은군 내속리면 사내리 소재 법주사 경내 거대한 암석 절벽면에 부조된 고려시대

의 마애 대불이다(높이 5미터. 보물 제216호). 신라시대의 삼화령
석조 미륵불 의상과 함께 매우 희귀한 의상에 속하는 작품이다.
연꽃 대좌 위에 두 다리를 걸쳐 내린 자세이지만 두 다리를 한껏
벌리고 앉아 있어서 두 다리가 각지게 보이는 부자연스러운 모습을
보이고 있다. 이러한 직각에 가까운 형태는 어깨에서도 나타나 무릎
에서 팔로 이어지는 선을 연장하면 직삼각형이 되어 기하학적인
구도를 이루고 있다.

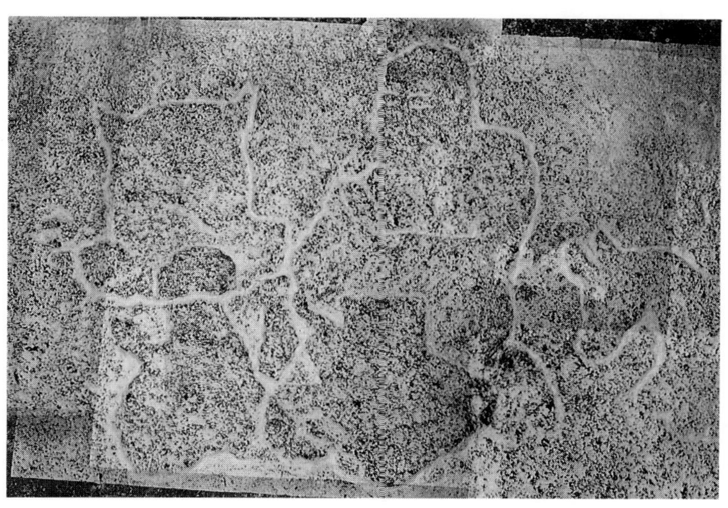

법주사 마애 조각　마애 불의상이 새겨진 암석 바로 앞 바위면에 조각된 지장보살상과
미륵불 바로 옆에 새겨진 설화도이다. 이러한 마애 조각은 이들이 법상종 신앙에
의하여 조성되었다는 점을 보여 주는 귀중한 자료이다.

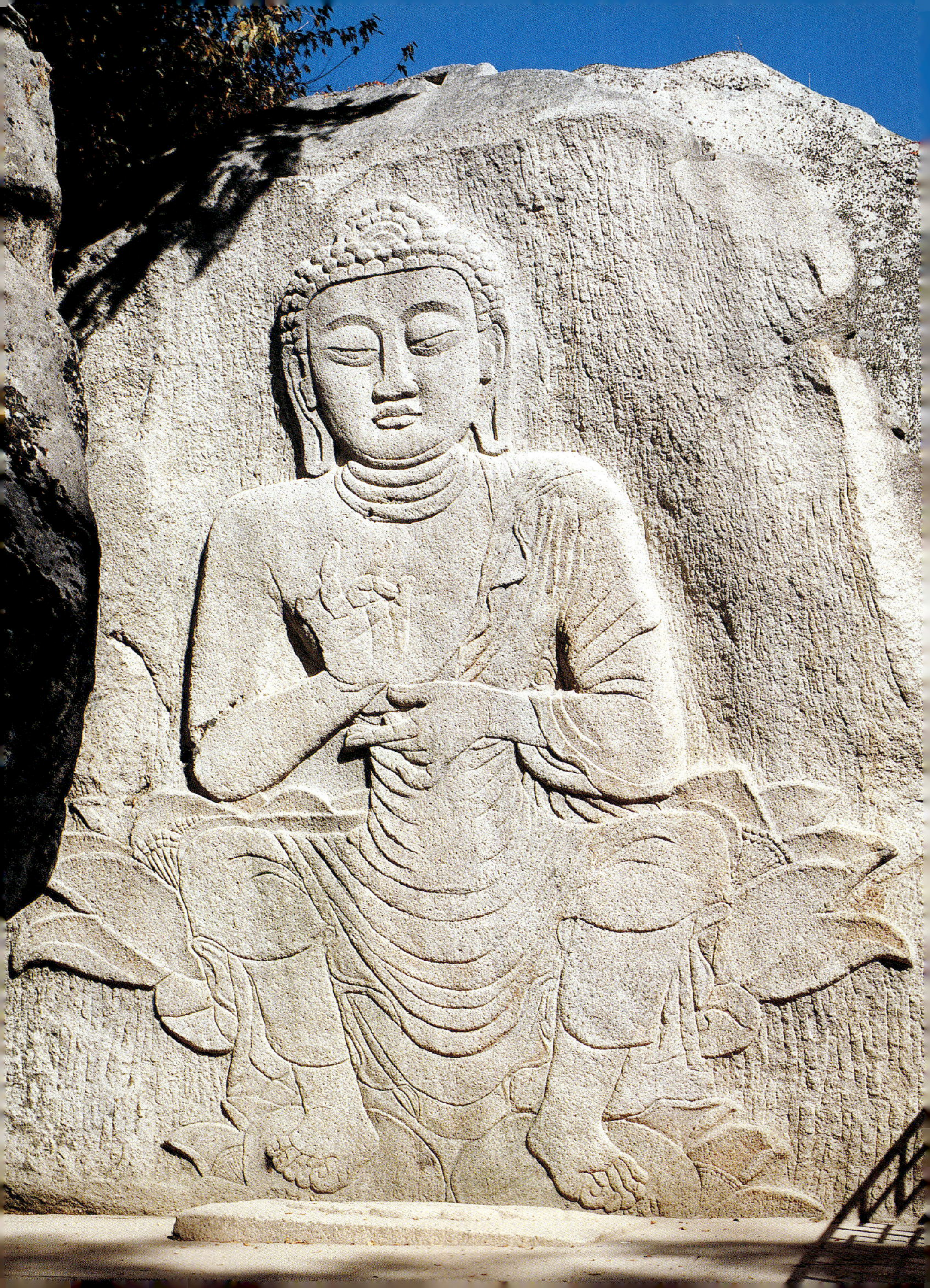

낮은 육계와 규칙적이면서도 특이한 나발, 계주(髻珠) 등은 기하학적이며 얼굴은 갸름하면서도 원만하지만 치켜 올라간 눈꼬리, 길면서 빈약한 코, 작은 입, 정면향의 도식적인 귀, 군살진 턱 등에서 추상성이 보이고 있다. 얼굴에 보이는 추상성은 도식적인 삼도, 수평적인 어깨, 직각적인 팔, 유난히 잘록한 허리, 삼각형인 상체, 수평인 무릎과 직선적인 다리, 규칙적인 옷주름, 날카로운 연꽃의 형태에서도 나타나고 있다. 그러나 얼굴에 표현된 미소는 두 손을 가슴에 모아 설법인(說法印)을 짓고 있는 모습과 더불어 능숙하면서도 숙달된 조각 기량을 잘 나타내 주고 있다.

이 불상의 이러한 특징들은 1350년에 제작된 미륵하생경변상도(彌勒下生經變相圖)의 불상 표현과 친연성이 강하다는 점에서 주목된다. 또한 이 불상이 새겨진 암석 바로 앞 바위면에 조각된 지장보살상(地藏菩薩像)과 미륵불 바로 옆에 새겨진 설화도(說話圖)들은 이들 불상이 법상종의 신앙에 의하여 조성되었다는 점을 보여 주는 귀중한 자료로 평가된다.

법주사 마애 불의상 충청북도 보은군 내속리면 사내리 소재 법주사 경내 거대한 암석 절벽면에 부조된 고려시대의 마애 대불이다. 연꽃 대좌 위에 두 다리를 걸쳐 내린 자세이지만 두 다리를 한껏 벌리고 앉아 있어서 두 다리가 각지게 보이는 부자연스러운 모습을 보이고 있다.(옆면)

조선시대 마애불

조선시대에는 고려시대만큼 마애불이 많이 조성되지 않은 것
같다. 그러나 대불(大佛)은 아니라 하더라도 아담하고 훌륭한 마애
불들이 조성되어 당시의 양식적 특징을 여실히 나타내고 있는 작품
들도 상당수 된다.

이른바 조선조 불상 연구에 기본 작품이 이들 마애불들이라고
단정할 수 있다는 것이다. 물론 조선조 불상은 대부분 목불상(木佛
像)들이 대표한다고 할 수 있지만 명문이 뚜렷이 남아 있는 마애불
들이 상당수 되고 작품도 당시의 특징을 잘 반영하고 있는 것도
있어서 당대 조각을 대표한다고 할 수 있기 때문이다.

불상의 특징

조선 태조는 위화도 회군(威化島回軍)을 기점으로 하여 1392년에
고려를 없애고 조선을 건국하였다. 조선의 성립에는 이처럼 군사적
인 쿠데타가 크게 작용하였지만, 군사력만으로 나라가 쉽게 교체되

는 것이 아닌 것은 두말할 필요가 없다. 이보다 새로운 왕조를 뒷받침할 수 있는 조직적인 세력이 무엇보다도 필수적인 일이다. 이 조직이 바로 성리학으로 무장한 신진 사대부 계층으로 조선의 사회, 정치, 경제, 문화를 움직여 나간 주역들이 되었다. 이들을 흔히 양반이라 부르며 그들의 이상이 문관(文官)이나 무관(武官) 등의 관리로 등용되어 이상 국가를 건설하고자 하였으므로 이들 계층을 양반 사대부라 한다.

양반 사대부 사회에는 여기에 알맞은 문화가 있기 마련이다. 그것은 바로 성리학적인 유교 문화였으니 앞 시대의 불교 문화와는 현격한 차이가 있는 것이었다. 덕치 국가(德治國家)라는 이상 사회의 실현을 지상의 목표로 삼은 조선은 문화면에서도 그 이상을 여실히 반영하였으니, 문인화(文人畫)나 화원화(畫院畫) 등 회화에서나 양반 사회의 지주인 제사용(祭祀用)의 도자 공예, 문방사우 등 목공예 등의 미술에서 소박과 생략, 절제와 이상의 미를 실현시킨 점에서 잘 나타나고 있다. 그러나 극심한 탄압에도 불구하고 불교는 세종, 세조, 중종 때의 왕실이나 사대부들의 개인적인 신앙과 대다수 민중들의 열렬한 믿음에 힘입어 한정된 사원에서나마 불사(佛事)들이 때때로 이루어져 불상 조각이 유행하였던 점은 조선 조각사의 광명이었다. 여기에 역대 왕릉 내지 사대부의 무덤 조각들도 당대 조각계의 중요한 구심점이 되기도 하였다.

양반 사대부 사회의 지나친 문치주의로 결국 1592년의 임진왜란과 1636년의 병자호란 같은 대대적인 침략을 당하였으며 이러한 격전을 겪으면서 현실 사회에 대한 새로운 자각이 움터 실학(實學)이 성행하게 된다. 말하자면 정치, 경제, 사상 등 조선 사회의 모든 면에서 실용적인 면을 중시하는 운동이 일어나게 되었던 것이다. 이 시대가 조선 후기 사회의 전개이다. 더구나 임진왜란을 겪으면서 발언권이 신장된 불교계에는 사회가 안정된 숙종에서 영조, 정조

시대의 문예 부흥기 때부터 불사 운동이 활발히 전개되었다. 전쟁과 억불 정책 때문에 폐사된 절들의 복구가 활발히 이루어지면서 불상, 불화(佛畵)의 조성도 활발하게 이루어졌다. 오늘날 전하고 있는 수많은 불상 조각들은 모두 이 문예 부흥기 때 조성된 것들이다.

지금까지 살펴본 것처럼 조선시대는 크게 두 시기로 나뉘며 조각사도 여기에 어느 정도 부합되면서 전개되는 것 같다. 곧 조선 조각은 크게 전기와 후기 두 시기로 나눌 수 있다. 우선 전기는 1392년부터 1591년까지로 이 시기는 앞 시대인 고려 양식의 영향을 받고 있으면서 아울러 명나라 양식도 받아들이고 있지만 불교의 억압으로 조상 활동은 그렇게 활발하지 못한 편이었다. 그러나 이 시대 역시 15세기 중엽까지 고려 후기 양식이 거의 그대로 계승된 전기와 그 이후 조선 조각이 정립된 시기로 나누어 볼 수 있다.

장륙사(莊陸寺) 보살상은 전자에 속하며, 강진 무위사(無爲寺) 불상, 양수리 수종사(水鐘寺) 불상 등은 조선 양식으로 정립되어 가는 과정을 보여 주며 기림사 건칠 보살상(祇林寺乾漆菩薩像) 등을 대표적인 예로 들 수 있다.

후기는 1592년부터 1910년까지로 앞 시대 양식 또는 약간의 청나라 양식도 영향을 받았으며 조각 활동도 활기를 띠게 되었다. 물론 이 시기도 18세기 중엽을 전후하여 두 시기로 나눌 수 있다. 부여 무량사(無量寺) 불상, 예천 용문사(龍門寺) 불상 등이 그 대표작인데, 앞 시대부터 나타나던 평판적이고 도식적인 특징도 나타나지만 아직도 부처의 이상성이 꽤 나타나고 있는 편이다. 관악산 마애 미륵 불상(1630년)과 안양 삼막사(三幕寺) 마애 불상을 지나면서 법주사 불상, 통도사 불상, 운문사 불상 등 수많은 조선 후기 불상들의 예에서 보이듯이 평판적인 특징이 완전히 정착하게 되지만, 이 시대의 목조 불상은 조선의 투박성이 묘사되어 우리의 정감을 크게 자극하고 있다.

마애불의 현상

　조선조 마애 불상들도 당시의 시대적 양식 특징을 잘 반영하고 있는데 조선 전기에는 예산 예당 신리 마애 불입상(1465년)이며, 조선 전기 말 내지 후기 초기에는 관악산 마애 미륵불 좌상(冠岳山 磨崖彌勒佛坐像)이고, 후기에는 관악산 삼막사 마애 삼존불 좌상들 이다. 이들은 모두 조성 연대가 있는 명문이 있어서 조선조 불상 연구의 기본 사료로 높이 평가되고 있다.

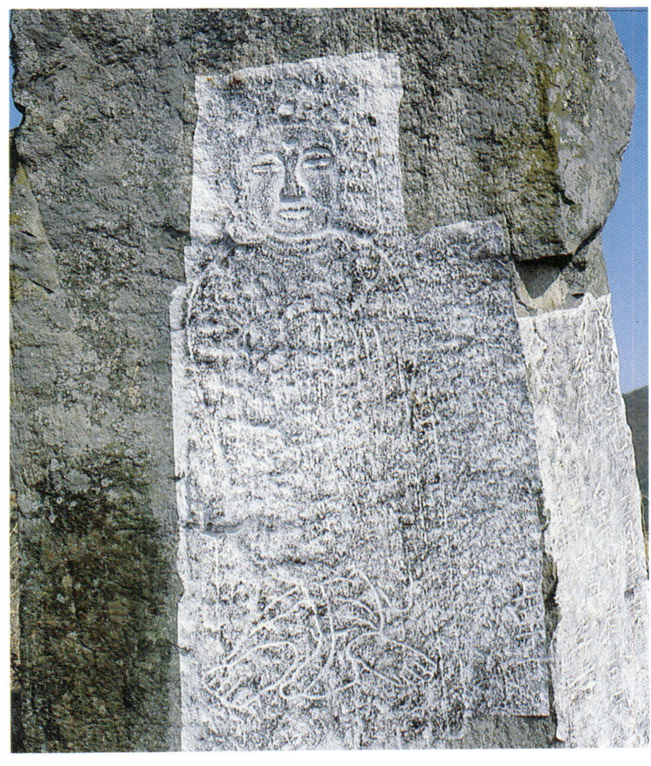

예산 예당 신리 마애 불입상 '성화 원년(成化 元年)' 이라는 명문이 불상 왼쪽 에 음각되어 있다.

관악산 마애 미륵불 좌상(冠岳山磨崖彌勒佛坐像)

서울 봉천동 관악산 화강암 바위(355×300센티미터)에 선각으로 조성한 당대(17세기 전기)를 대표할 만한 마애 불좌상이다.

이 불상은 측면관으로 선각한 것이 특징인데 선은 가늘면서도 얕게 파져 있지만 비교적 유려한 선묘(線描)를 보여 주고 있다. 육계가 얕아서 머리는 작게 보이며 머리칼은 소발이다. 얼굴은 갸름하면서 약간 풍만하게 보이는데 이것은 얼굴 윤곽과 코, 입 부분을 얕은 부조식으로 표현했기 때문도 있지만 얼굴의 세부와 함께 이 불상을 돋보이게 해주고 있다.

늘씬한 상체는 유난히 길게 표현했는데 타원형의 어깨, 젖가슴의 묘사, 무릎 부분 형태, 두 손을 소매 속에 넣은 점 등에서 약간 이완되고 해이한 형태를 보여 주고 있다. 이러한 이완된 형태적 특징은 선묘에서도 그대로 나타나고 있는데 비록 전체의 조각선이 유려하고 능숙한 면이 보이지만 이것은 긴장감이나 짜임새에서는 이완된 면이 많기 때문이다. 뿐만 아니라 둥근 두광과 육계선이 잘못 그어져 새로 새긴 점에서 이 작가의 솜씨가 아주 좋다고는 말할 수 없다. 그러나 당시의 조각들 가령 이보다 좀 늦은, 같은 지역의 관악산 삼막사 마애 불상보다 선각이란 점을 빼면 보다 훌륭한 수법이 아닌가 한다.

17세기 전기의 조각 작품은 매우 희귀한 편인데 이 불상은 명문에 의해 1630년(仁祖 8)에 제작된 것이 확실한 17세기 전반기의 조각으로 조선 조각사 연구에 기본 자료가 되며, 삼막사 마애 불상(1763년), 무량사 불상(無量寺佛像), 용문사 불상(木刻幀 등) 등의 17세기 말 이후의 조선 후기 조각의 선구적인 작품으로 중요한 의의가 있다. 또한 미륵존불이라는 불상 명칭을 알 수 있으므로 당시 불교 신앙의 한 면을 아는 데도 귀중한 자료가 될 것으로 평가되며 조각 양식에서도 주목되는 훌륭한 작품으로 생각된다.

명문 내용은 다음과 같다.

崇禎三年庚午四月日

彌勒尊佛

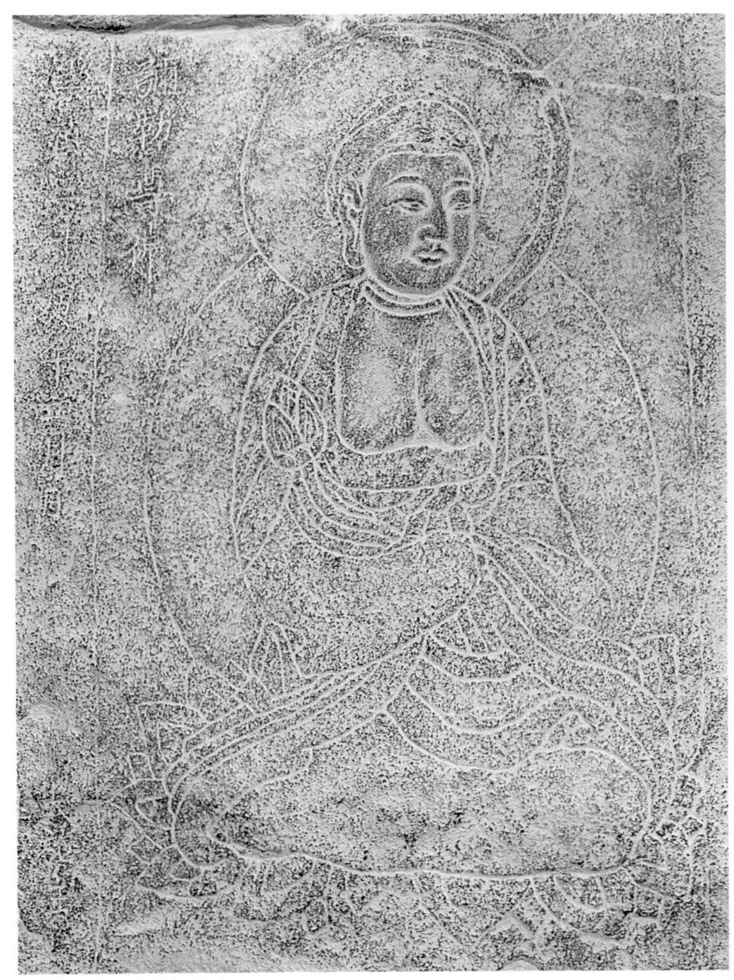

관악산 마애 미륵불 좌상

삼막사 마애 삼존 불상(三幕寺磨崖三尊像)

경기도 안양시 석수동 관악산 삼막사 칠성각(七星閣) 안의 절벽 바위면에 새겨진 조선시대 마애 삼존 불상이다(경기도 유형문화재 제94호). 바위에 마애 삼존 불상을 새기고 전면(前面)에 걸쳐 누각식 목조 전실(木造前室)을 구축하여 법당으로 삼았다. 현재 전실의 1층에는 아무런 시설을 만들지 않고, 2층에 마애 삼존상이 안치되도록 한 것으로 이런 구조는 석굴 사원의 전실로 흔히 사용되고 있으므로 이 유구는 석굴 사원의 일종으로 생각할 수 있다.

큼직한 감실(龕室, 너비 250센티미터, 깊이 200센티미터)을 파고 여기에 삼존상을 돋을새김으로 새겼는데 본존상(높이 150센티미터)과 협시보살상(높이 93센티미터)은 등신대보다 큼직하게 새겨졌지만 전형적인 조선시대 후기 양식을 충실히 반영하고 있다. 곧 머리의 육계는 뾰족하게 표현되었고, 얼굴은 방형(方形)으로 평판적이지만 다소 양감을 나타내고 있다. 또한 좁은 어깨, 방형 체구 등도 역시 평판적으로 처리되어 조선조 불상의 특징을 보여 준다.

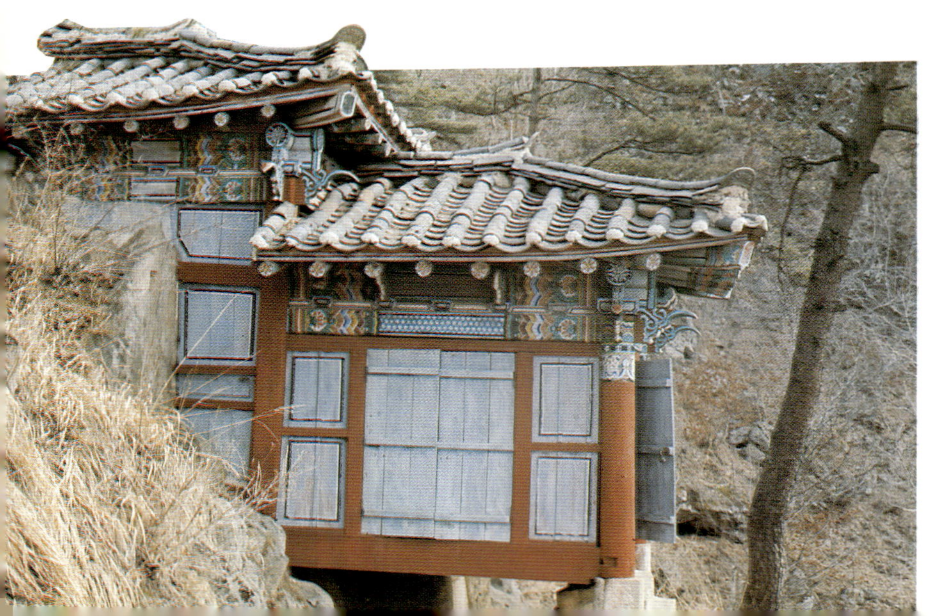

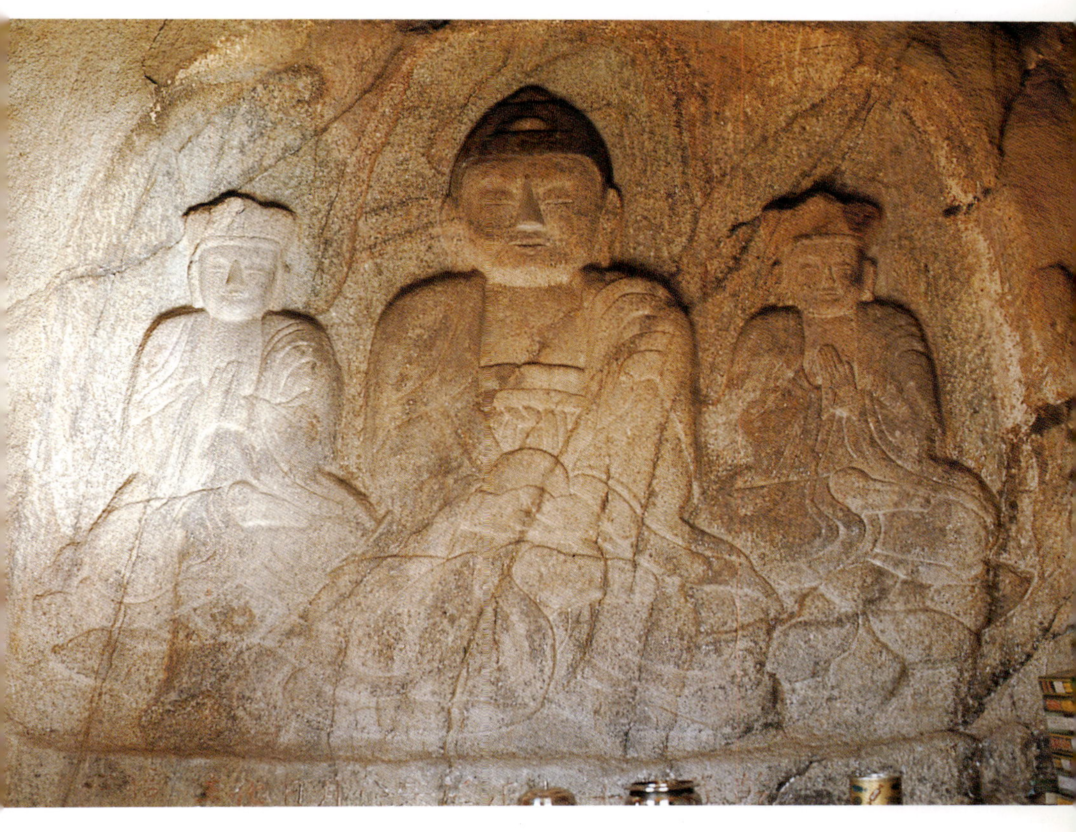

삼막사 마애 삼존 불상 바위에 마애 삼존 불상을 새기고 전면에 걸쳐 누각식 목조 전실을 구축하여 법당으로 삼았다. 현재 전실의 1층에는 아무런 시설을 만들지 않고 2층에 마애 삼존상이 안치되도록 한 것으로 이런 구조는 석굴 사원의 전실로 흔히 사용되고 있으므로 이 유구는 석굴 사원의 일종으로 생각할 수 있다. 옆면은 칠성각을 옆에서 본 모습이고 위는 마애 삼존 불상이다.

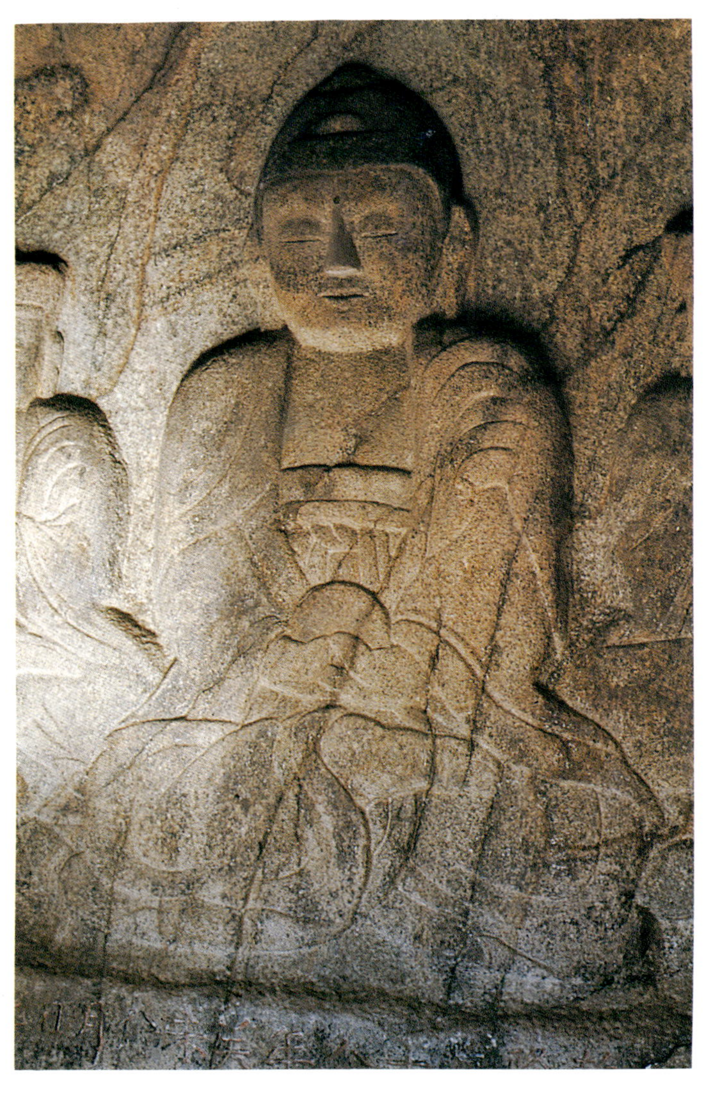

삼막사 마애 삼존불의 본존상 머리의 육계는 뾰족하게 표현되었고 얼굴은 방형으로 평판적이지만 다소 양감을 나타내고 있다.

통견의 법의는 두껍게 나타내어 불상의 부피감을 감소시키고 있으며, 간결한 옷주름선은 도식적으로 처리되어 불상의 형태와 잘 대비되고 있다. 두 손을 배에 대어 보주를 올려놓았는데 이것은 치성광불(熾盛光佛)의 보륜(寶輪)으로 생각된다.

좌우 협시보살상들은 일광과 월광이 표현된 삼산관(三山冠)을 쓰고 있는 머리나 두 손을 합장하고 있는 수인 등이 보살상의 특징을 나타내고 있는데, 이 삼존은 날카로운 연꽃 무늬 대좌가 받쳐 주고 있다. 본존불의 보륜 수인과 좌우 보살상인 일광, 월광상의 특징은 칠성각에 본존으로 봉안된 형식과 더불어 칠성(七星)의 본존불인 치성광 삼존불을 나타낸 것으로 추정된다. 불화로서 치성광 후불탱은 꽤 남아 있으나 마애 불상으로서는 극히 희귀한 예이므로 크게 주목된다. 뿐만 아니라 이 불상은 1763년에 조성되었고 이 전각은 1764년 창건, 1881년 중건되었다는 명문(銘文)이 불상 밑에 새겨져 있어 조선조 불상 연구에 중요한 자료가 되고 있다.

지금까지 삼국시대부터 조성되기 시작한 마애불들의 의의와 종류, 기원과 전파 그리고 마애불의 흐름을 통관해 살펴보았다.

마애불은 산하 도처에 수없이 흩어져 있는 바위면에 마음대로 새길 수 있기 때문에 많은 수가 자주 조성되었던 것이다. 거대한 절벽이나 크고 작은 바위면 그리고 석굴이나 감실에 갖가지 불, 보살상들을 새겼기 때문에 다른 기법보다 새기기 쉽고, 그래서 걸작품들이 많이 창조될 수 있었다.

우리나라 조각사에 길이 남을 이들 걸작품은 단순한 작품이 아니라 사람들의 가슴에 영원히 살아 남아 있는 감동적인 불상이라 할 수 있다. 곧 서산 마애불, 칠불암 마애불, 골굴암 마애불 들은 한국 조각사에서는 물론 세계 조각사에서도 영원히 살아남을 위대한 조각들로 마음(心)에 살아 생동하는 성스러운 불영(佛影)인 것이다.

참고 문헌

강우방, 「햇골산 마애상군과 단석산 마애불군 - 편년과 도상해석시론」, 『이기백선생고희기념 한국사학논총 상-고대편·고려시대편』, 간행위원회, 1994. 10.

김길웅, 「가섭사지(迦葉寺址) 마애삼존상에 대한 고찰」, 『신라문화』 6, 동국대학교 신라문화연구소, 1989. 12.

――――, 「고려 마애석불의 고찰」, 『문화사학』 1, 한국문화사학회, 1994. 6.

――――, 「어물리(於勿里) 마애약사삼존상에 관한 고찰」, 『동국사학』 25, 동국대학교 사학회, 1991. 12.

김리나, 「경주 굴불사지 사면석불에 대하여」, 『진단학보』 39, 진단학회, 1974.

김화영, 「봉암사 마애불좌상」, 『고고미술』 6-3·4, 고고미술동인회, 1965. 3·4.

문명대, 「경주 남산 윤을곡(潤乙谷) 태화(太和)9년명 마애삼존불의 연구」, 『손보기박사정년기념고고인류학논총』, 통문관, 1988.

――――, 「경주 서악(西岳)불상」, 『고고미술』 104, 한국미술사학회, 1969. 12.

――――, 「백제 사방불의 기원과 예산 석주사방불상(石柱四方佛像)의 연구- 사방불 연구」, 『한국불교미술사론』, 민족사, 1987.

――――, 「법주사 마애미륵·지장보살부조상의 연구 - 법상종(法相宗) 미술연구 3」, 『미술자료』 37, 국립중앙박물관, 1985. 12.

――――, 「법주사 창건 연기마애조각의 고찰-법주사 부조상의 연구 2 법상종 미술」, 『이기영박사고희기념논총-불교와 역사』, 한국불교연구원, 1991. 9.

――――, 「삼막사 재명(在銘)마애삼존불상」, 『우헌(又軒)정중환박사환력(還曆)기념논문집』, 1974. 12.

문명대, 「신라 사방불의 기원과 신인사의 사방불 – 신라 사방불 연구」, 『한국 사연구』 18, 한국사연구회, 1977.

――――, 「신라 사방불의 전개와 칠불암 불상 조각의 연구 – 사방불 연구 2」, 『미술자료』 28, 국립중앙박물관, 1981. 6.

――――, 「태안 백제 마애삼존불상의 신연구」, 『불교미술연구』 2, 동국대학교 불교미술문화재연구소, 1995. 12.

――――, 「태현과 용장사의 불교 조각」, 『벽산학보』 17, 백산학회, 1974. 12.

――――, 「홍성 용봉사의 정원(貞元)15년명 및 상봉 마애불입상의 연구」, 『삼 불(三佛) 김원용교수정년퇴임기념논총 Ⅱ – 미술사학 · 역사학 · 인류 민 속학』, 일지사, 1987. 8.

박경원 · 조유전, 「예산 백제사면석불 조사 및 발굴」, 『문화재』 6, 문화재관리 국, 문화재연구소, 1983.

박성상, 「삼국시대 마애불상 양식에 관한 고찰」, 『사학지』 30, 단국대학교 사 학회, 1997. 9.

――――, 「삼국시대 마애불상의 특성에 관한 고찰」, 『문화사학』 6 · 7, 한국문 화사학회, 1997. 6.

박영복, 「예산 사면석불의 고찰」, 『윤무병박사회갑기념논총』, 1984. 12.

신종원, 「단석산 신선사 조상명기(造像銘記)에 보이는 미륵신앙집단에 대하 여 – 신라 중고기의 왕비족 잠훼부(王妃族岑喙部)」, 『역사학보』 143, 역사학회, 1994. 9.

윤용진, 「칠곡 인동 마애불」, 『고고미술』 ㄴ-3, 고고미술동인회, 1963. 3.

이은창, 「천안 삼대리사지의 마애불입상」, 『고고미술』 7-12, 고고미술동인회, 1966. 12.

이홍식, 「경기도 광주군 동부면 교리마애불」, 『고고미술』 1-2, 고고미술동인 회, 1960. 9.

장충식, 「골굴암 마애불의 조사 – 석굴 유구를 중심으로 – 」, 『초우(蕉雨) 황수

영박사고희기념 미술사학논총』, 통문관, 1988.

정명호, 「경주 낭산 서록의 마애3상」, 『고고미술』 6-3·4, 고고미술동인회, 1965. 3·4.

———, 「고려시대의 마애불」, 『고고미술』 166·167, 한국미술사학회, 1985. 9.

———, 「금릉 광덕동 마애보살입상」, 『고고미술』 9-10, 한국미술사학회, 1968. 10.

———, 「보성 유신리 마애여래좌상 – 중국불 '어깨걸치기' 양식 전파의 일례」, 『손보기박사정년기념 고고인류학논총』, 지식산업사, 1988. 3.

———, 「삼천사지 입구 마애여래상」, 『고고미술』 2-5, 고고미술동인회, 1961. 5.

정양모, 「낙영산(落影山) 마애불」, 『미술자료』 9, 국립중앙박물관, 1964.

정영호, 「봉화 북지리의 마애불상」, 『고고미술』 3-12, 고고미술동인회, 1962. 12.

———, 「성주 노석동 도고산 마애삼존불상과 여래좌상」, 『고고미술』 136·137, 한국미술사학회, 1978. 3.

———, 「양평 파사산 마애여래입상」, 『고고미술』 8-5, 고고미술동인회, 1967. 5.

———, 「영월 무릉리의 청석탑과 마애좌불」, 『고고미술』 2-9, 고고미술동인회, 1961. 9.

———, 「이천 '태평흥국명(太平興國銘)' 마애반가상」, 『사학지』 16, 단국대학교 사학회, 1982. 11.

———, 「중원 봉황리 마애반가상과 불보살군」, 『고고미술』 146·147, 한국미술사학회, 1980. 8.

———, 「진천 태화4년명 마애불입상」, 『고고미술』 138·139, 한국미술사학회, 1978. 9.

———, 「팔공산 상봉의 마애여래좌상」, 『고고미술』 6-3·4, 고고미술동인회, 1965. 3·4.

진홍섭, 「경주 남산 미륵곡의 마애석불좌상」, 『고고미술』 4-4, 고고미술동인회, 1963. 4.

진홍섭, 「구례 오산 마애여래입상」, 『고고미술』 4-9, 고고미술동인회, 1963. 9.

―――, 「남원 여원사의 마애여래상」, 『고고미술』 5-11, 고고미술동인회, 1964. 11.

―――, 「사불산 사불암과 묘적암 마애여래좌상 – 신라오악(五岳)종합학술조사기」, 『고고미술』 7-8, 고고미술동인회, 1966. 9.

―――, 「안동 탕기동 마애삼존불」, 『고고미술』 5-9, 고고미술동인회, 1964. 9.

―――, 「영주 석포리 사면석불」, 『고고미술』 1-1, 고고미술동인회, 1960. 8.

―――, 「영주 휴천리 마애석불」, 『고고미술』 3-4, 고고미술동인회, 1962. 4.

최병길, 「백제 석불 광배의 도상학적 연구 – 충남 예산군 봉산리 사면불을 중심으로」, 『향토사연구』 8, 한국향토사연구 전국협의회, 1996. 11.

최인선, 「보성군의 마애불」, 『전남문화재』, 전라남도, 1992. 2.

황수영, 「단석산 신선사 석굴마애상 – 한국 최고의 석굴사원」, 『한국불상의 연구』, 삼화출판사, 1973.

―――, 「서산 마애삼존불상에 대하여」, 『진단학보』 20, 진단학회, 1958. 8.

―――, 「충남 태안의 마애삼존불상 보(補)」, 『고고미술』 9-9, 고고미술동인회, 1968. 9.

―――, 「태안 마애삼존불상」, 『역사학보』 17 · 18, 역사학회, 1962. 6.

毛利久, 「朝鮮三國時代の彌勒淨土磨崖像」, 『文化財學報』 1, 奈良大學, 1982. 3.

齋藤孝, 「統一新羅石佛の技法 – 慶州掘佛寺北四面石佛を中心に」, 『美學』 115, 1978.

빛깔있는 책들 103-21

마애불

글	—문명대
사진	—문명대
발행인	—장세우
발행처	—주식회사 대원사
주간	—박찬중
편집	—김한주, 신현희, 조은정, 황인원
미술	—차장/김진락 윤용주, 조옥례
전산사식	—김정숙, 육세림, 이규헌
첫판 1쇄	—1991년 6월 29일 발행
첫판 5쇄	—2003년 1월 30일 발행

주식회사 대원사
우편번호/140-901
서울 용산구 후암동 358-17
전화번호/(02) 757-6717~9
팩시밀리/(02) 775-8043
등록번호/제 3-191호
http://www.daewonsa.co.kr

값 13,000원

Daewonsa Publishing Co., Ltd.
Printed in Korea(1991)

ISBN 89-369-0101-X 00220

빛깔있는 책들

민속(분류번호 : 101)

고미술(분류번호 : 102)

불교 문화(분류번호 : 103)